# LE
# CUISINIER GASCON

OU

## TRAITÉ SIMPLIFIÉ

DES

## SUBSTANCES ALIMENTAIRES

REVU ET AUGMENTÉ

D'UN GRAND NOMBRE DE RECETTES.

---

**Prix : 1 Fr. 50 Cent.**

SE VEND SEULEMENT A DAX,

**CHEZ M. MARCEL HERBET,**

*Imprimeur-Éditeur,*

Rue de la Fontaine Chaude, 23-25.

---

DAX. — Imprimerie de MARCEL HERBET,

*Directeur-Gérant*

DU COURRIER DE DAX.

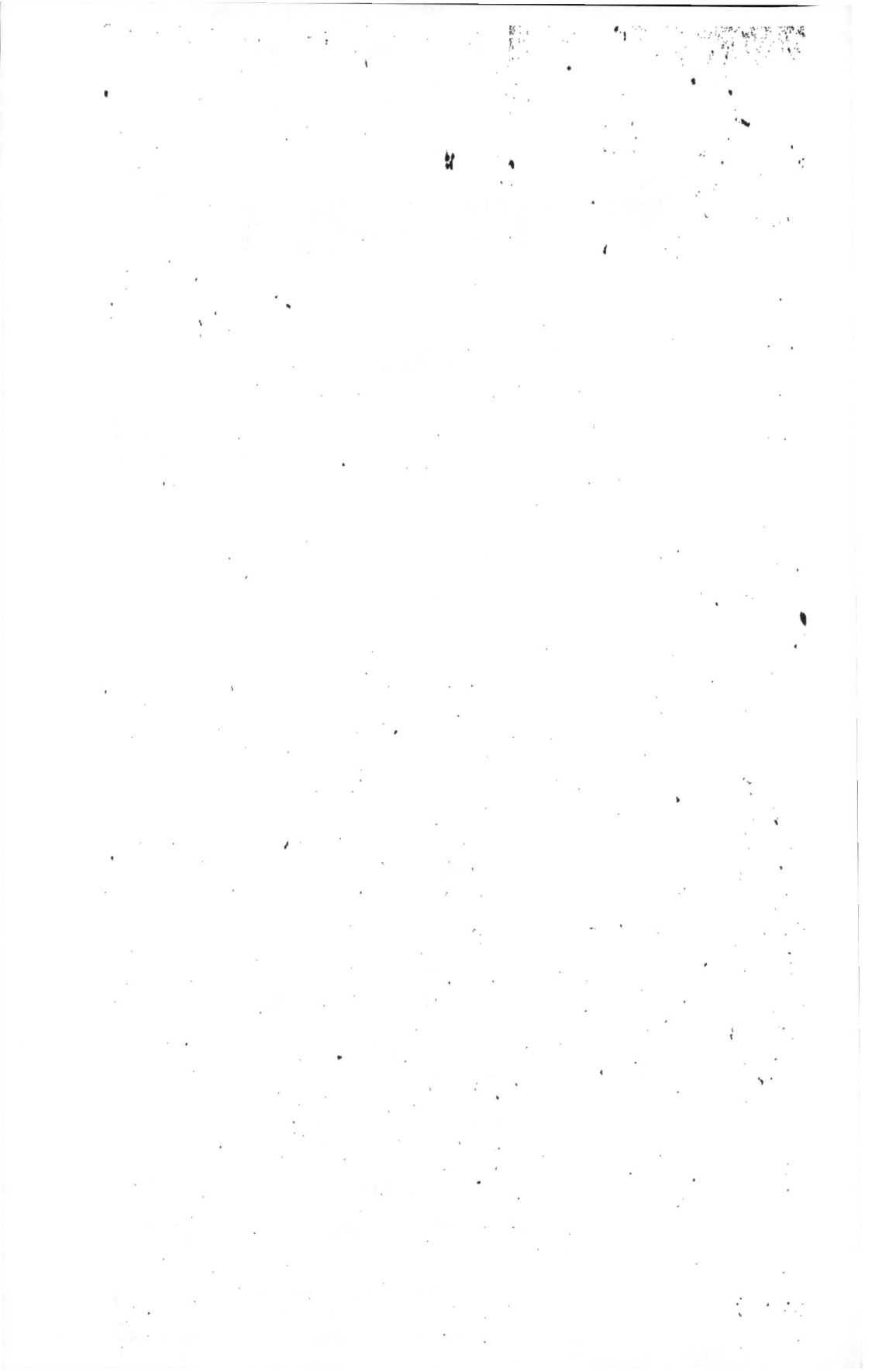

# LE
# CUISINIER GASCON,

## OU

## TRAITÉ SIMPLIFIÉ

### DES

## SUBSTANCES ALIMENTAIRES,

### REVU ET AUGMENTÉ

### D'UN GRAND NOMBRE DE RECETTES.

SE VEND SEULEMENT A DAX,

CHEZ M. MARCEL HERBET,

*Imprimeur-Éditeur*,

Rue de la Fontaine Chaude, 23-25.

## 1864

Propriété de l'Éditeur.

# PRÉFACE DE L'ÉDITEUR.

Ce petit livre sera bientôt le livre de tous les ménages ; car, auprès de chaque foyer, quelque petit, quelque dénué, quelque froid qu'il soit, il y a quelqu'un qui veille et dont la mission spéciale et journalière consiste à préparer, sans autre guide qu'une tradition souvent vicieuse, les choses que cet excellent petit livre enseigne à faire merveilleusement et d'une façon simple et économique.

On a, depuis quelques années surtout, beaucoup écrit sur l'art culinaire ; il y a des *Traités de Cuisine* qui ont dépassé leur trentième édition, d'autres qui ont été édités avec tout le luxe dont la typographie peut disposer. Ces faits attestent le haut intérêt qui s'attache à l'art de développer les qualités savoureuses des substances alimentaires pour accroître nos jouissances. Mais ces ouvrages, tout complets qu'ils sont, laissent encore un vide immense, les uns parce qu'ils sont d'un prix très élevé, les autres parce qu'ils manquent de clarté et que la couleur locale fait défaut aux uns et aux autres.

Celui-ci n'a aucun de ces inconvénients. S'il ne présente pas ce nombre infini de recettes, vain luxe fort inutile qu'on rencontre dans les autres, il a le mérite plus réel de les donner excellentes et en tous points appropriées au goût, aux usages et aux tempéraments des habitants de notre province. On nous reprochera peut-être de n'avoir pas suivi une méthode naturelle dans la disposition des matériaux qui le composent. A cela nous n'avons rien à objecter, si ce n'est que ce précieux recueil n'était pas destiné à l'impression. Conservé avec un soin religieux par une ménagère d'élite, ce n'est qu'après de vives et pressantes sollicitations qu'elle s'en est dessaisie et que nous avons été autorisé à le publier, sous la réserve expresse de n'y faire aucun changement. D'ailleurs qu'importe la forme pour les ouvrages de ce genre ? Laissons ce mérite aux compilations entreprises dans un but de spéculation. *Le Cuisinier Gascon* a des titres qui le recommandent à la faveur publique. Trois générations de gourmets y ont successivement inscrit le fruit d'une longue expérience, et s'il nous était permis de faire connaître son origine, notre onzième édition serait bien vite épuisée.

Quoiqu'il en soit, personne n'ignore que la cuisine gasconne a quelque chose de piquant, de léger, de suave, qu'on ne retrouve pas dans celle des autres provinces. Est-ce à elle que les habitants des Landes en particulier sont redevables de ce caractère vif, aimable, enjoué, qui les distingue, je serais tenté de le croire, mais je laisse à plus savant que moi le soin de résoudre cette intéressante question. Il est un fait bien digne de remarque et qui justifie la haute opinion que nous nous en sommes faite, c'est que plus d'un étranger que le hasard a amené à savourer nos friandises, a souvent payé notre hospitalité en enlevant nos *Cordons-Bleus*. Avec celui-ci, il pourra aisément se passer de tous les autres, satisfaire Messer Gaster sans charger sa conscience, et dîner enfin en tout lieu comme on dîne chez Madame X....., comme on dînerait chez Lucullus.

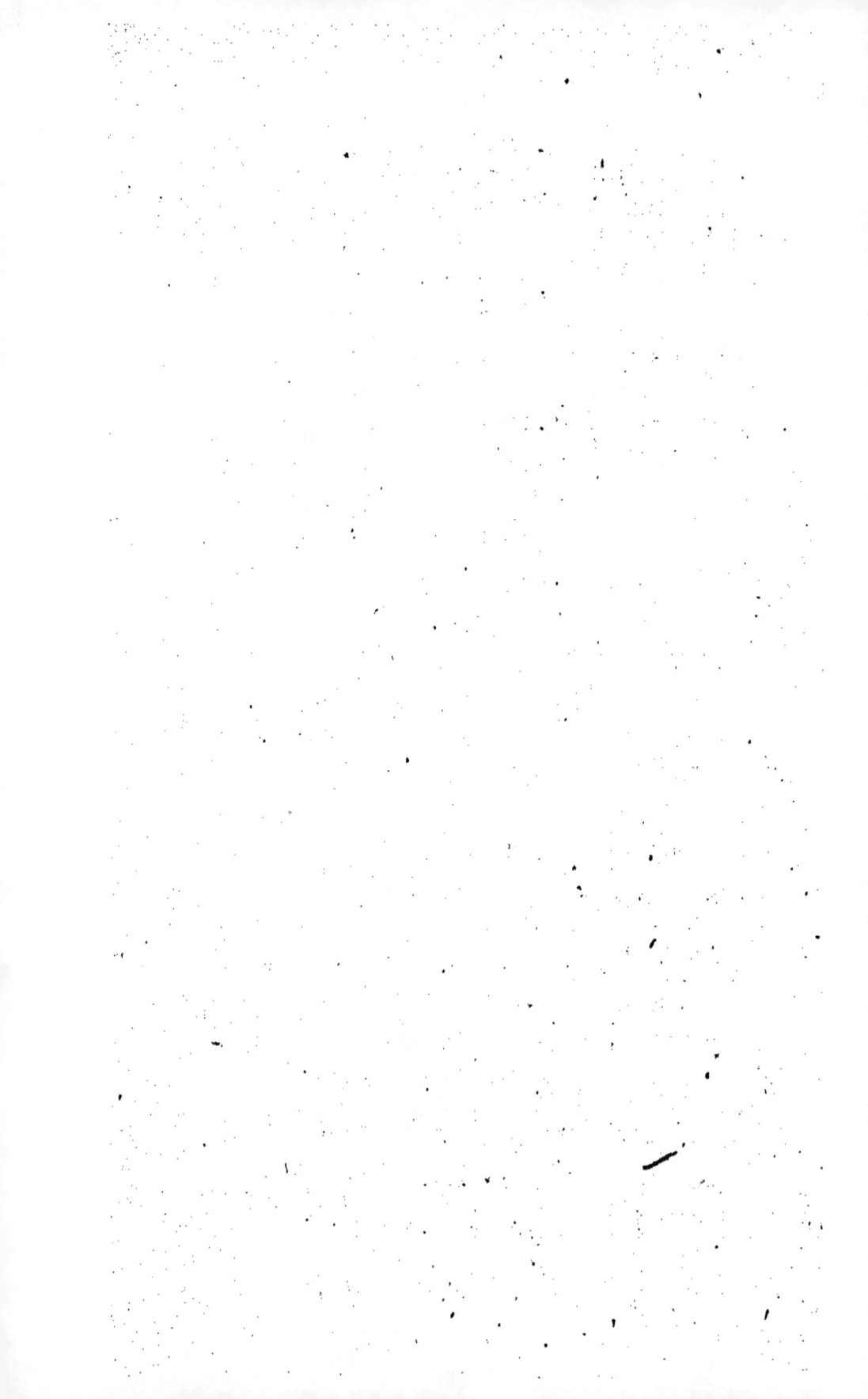

# LE
# CUISINIER GASCON

OU

## TRAITÉ SIMPLIFIÉ

DES

## SUBSTANCES ALIMENTAIRES,

Revu et Augmenté

d'un grand nombre de recettes.

## Potage à l'Italienne.

Vous mettez des haricots à cuire comme pour un ragoût, avec carottes, poireaux, etc. Vous mettez deux cuillerées de riz dans un linge, pour le faire crever dans le pot des haricots. Quand les haricots sont cuits, vous en faites une purée claire. Mettez un peu de beurre dans une casserole, et faites-y frire de l'oignon haché ; lorsqu'il est roux, mettez-y le riz et la purée.

## Potage à la Condé.

Vous faites cuire des petits pois au pot, avec assaisonnement. Vous les passez en purée et remettez au feu pour les flamber avec de l'oignon frit. Coupez de petits morceaux de pain, que vous faites frire au beurre ou à la graisse ; mettez-les dans la soupière, et après avoir mis une cuillerée de sucre à la purée, versez-la toute chaude sur les croûtons, et servez.

## Potage d'herbes à la Casserole.

Coupez des carottes à petits filets, et hachez un oignon ; mettez cela dans la casserole ; lorsque la graisse sera chaude. Lorsque ce sera roux, mettez-y des blettes et quelques épinards, avec poivre et sel. Une fois cuit, remplissez la casserole d'eau chaude. Laissez bouillir, mettez-y le pain au moment de servir.

## Potage à la Citrouille.

Coupez la citrouille par petits morceaux, et la mettez dans une marmite avec de l'eau. Faites cuire deux heures, jusqu'à ce qu'elle soit réduite en marmelade, et qu'il ne reste plus d'eau ; mettez-y un morceau de beurre et un peu de sel ; faites-lui faire encore quelques bouillons, ensuite vous ferez bouillir une tasse de lait et le sucrerez ; versez votre lait dans la citrouille, arrangez du pain tranché dans une soupière : mouillez-le avec votre bouillon de citrouille, couvrez, et mettez sur un peu de cendre chaude, pendant un quart-d'heure, pour donner au pain le temps de tremper ; faites attention qu'il ne bouille pas ; en servant, vous y mettez le restant de votre bouillon bien chaud.

## Cervelle de Bœuf.

Faites un hachis avec du jambon, gras et maigre ; laissez bien roussir dans très peu de graisse. Mettez-y un verre de vin et autant de bouillon, poivre et bouquet de persil ; après avoir laissé dégorger la cervelle dans de l'eau froide, vous la nettoyez bien dans de l'eau chaude. Roulez-la dans la farine et la faites frire à la graisse jusqu'à ce qu'elle soit rousse. Mettez-la dans la sauce pour la laisser cuire à petit feu.

## Langue de Bœuf.

On la fait cuire tout un jour ; lorsqu'elle est cuite, on la pèle toute chaude, on la fend en deux et on la met dans la casserole où est le jus que vous avez fait. Voyez jus ou colis aux pages suivantes.

### Autre manière de préparer la langue de bœuf sans faire de jus.

Faites bouillir la langue un quart-d'heure ; pelez-la et remettez-la à cuire dans un autre eau avec assaisonnement de carottes et poireaux. Lorsqu'elle est cuite, vous mettez un peu de graisse dans une casserole et y faites frire un peu d'oignon haché, sept à huit gousses d'échalote

et un petit morceau de jambon. Lorsque
c'est roux, vous y mettez deux cuillerées
de farine, que vous laissez roussir hors du
feu, et que vous délayez avec le bouillon
de la langue, en y ajoutant un bouquet
de persil, poivre, câpres, peu de sel, laissez bouillir, coulez et roussissez.

## Gras-Doubles.

Nettoyez-les bien, faites-les bouillir et
jetez cette première eau. On les remet
à cuire avec assaisonnement comme le
bouillon, presque toute la journée. Le lendemain, vous faites un hachis de jambon
plus gras que maigre, avec oignon et poivre, que vous faites frire à la poêle. Vous
jetez l'eau des gras-doubles et y mettez ce
hachis, avec du bouillon et un verre de
vin. Liez-les avec de la farine et laissez
bouillir à petit feu.

## Bœuf à la Mode.

Mettez au fond d'un pot de l'oignon et
du jambon haché, avec carottes coupées
en rouelles ; mettez votre bœuf là-dessus
et remettez la même couche sur le bœuf
que celle qui est au fond. Un verre de
vin et remplissez avec de l'eau. Couvrez
le pot avec du papier et laissez cuire. S'il
n'est pas assez roux, il faut le roussir.

## Bifteck.

Mettez un morceau de beurre dans un plat avec du persil haché bien fin, un peu de serpolet, poivre, sel, jus de citron, de tout cela très-peu. Coupez vos tranches de filet très minces, et laissez-les tremper un moment, dans un peu d'huile, avec très peu de poivre et sel. On les met ensuite sur le gril, et on les retourne assez vite parce que c'est cuit dans trois minutes. On les met toutes chaudes sur le plat où est le beurre, qui fond en les remuant un peu. Vous les couvrez de pommes de terre frites.

## Filet levé Mariné.

Mettez votre filet à mariner dans de l'huile et un jus de citron, poivre et sel ; retournez-le souvent pendant un jour ou deux, mettez-le à la broche, en l'arrosant de ce jus. Mettez dans une casserole le jus qui est dans la lèche-frite, ajoutez-y un peu de bouillon, mettez-y votre filet pour le tenir chaud et servez.

## Cotelettes de veau en Papillotes.

Faites un hachis de jambon, plus gras que maigre, un peu d'échalote, persil et poivre. Mettez ce hachis dessus et dessous

vos côtelettes. Après les avoir bien arron-
dies, enveloppez-les dans de grandes
papillotes de papier que vous avez grais-
sées et faites cuire sur le gril.

## Veau à l'Oiseau.

Vous hachez de l'oignon, un peu d'échalote et de persil avec du jambon plus
gras que maigre et un morceau de veau.
Vous lardez votre veau, le nouez et mettez
tout ensemble dans la casserole, avec
quelques rouelles de carottes, que l'on ôte
ensuite. Feu dessus et dessous. Si le veau
ne donne pas assez de jus, on ajoute un
peu de bouillon. Retournez-le souvent.

## Pieds de Veau.

Passez-les sur la flamme pour leur ôter
le poil. Fendez la peau par dessous et désossez-les, en ayant soin de laisser la peau en-
tière. Nouez-les et faites-les bien bouillir.
Vous faites un hachis de jambon, échalote,
persil, poivre, que vous faites cuire à la
poêle. Lorsque c'est cuit, vous y ajoutez de
la miette de pain, que vous laissez roussir.
Vous farcissez les pieds, tout chauds et
les roulez pour leur faire prendre la forme et les laissez refroidir. Au moment de
les servir, vous les trempez dans du
blanc-d'œuf battu, et puis dans de la mie
de pain ; vous les faites frire à la graisse

et les servez avec un jus. Voyez jus aux pages saivantes.

## Tête de Veau.

Il faut la bien nettoyer et la passer à la flamme. Enveloppez-la dans un linge et mettez-la dans un chaudron avec de l'eau, une poignée de farine, sel, carottes et poireaux. Il faut la laisser bouillir à peu près trois heures, et regarder de temps en temps si elle est cuite.

## Fricandeau à l'Oseille.

Vous ôtez bien toutes les veines du fricandeau, lardez-le intérieurement et piquez-le. Mettez dans une casserole des carottes, oignons, bouquet garni, deux clous de girofle, et quelques débris de lard. Placez-y votre fricandeau, mouillez-le d'un peu de bouillon, en ayant soin d'arroser le dessus de temps en temps, avec le fond de votre cuisson. Il prendra une belle couleur blonde. Lorsque c'est cuit, vous passez la sauce. Ajoutez-y un peu de fécule de pomme de terre, que vous aurez délayée avec de l'eau, dorez-en le fricandeau et servez le sur la sauce. Si vous le voulez à l'oseille, servez-vous de ce jus pour l'assaisonner; parce qu'il faut qu'elle soit un peu liquide.

## Mouton à la Sauce Piquante.

Mettez de l'oignon haché dans la casse-role, deux gousses d'échalote ; lorsque la graisse sera chaude, laissez roussir. Coupez votre mouton à petits morceaux et faites-le frire là-dedans. Mettez-y un bouquet de persil et un peu de farine, mouillez-le ; poivre, sel, câpres, ou cornichons hachés. Si ce n'est pas assez roux, il faut le roussir avec un peu de sucre.

## Gigot à la Braise.

Vous désossez votre gigot, nouez-le dans une casserole avec carottes, poireaux, etc., comme pour un jus. Mettez-y un couvercle avec du feu dessus. Laissez-le cuire cinq ou six heures, passez ensuite votre jus que vous liez. Mettez dans ce jus des haricots de Soissons et servez le gigot dessus.

## Hachis de Mouton.

Trempez un morceau de mie de pain dans le bouillon et hachez-le avec le mouton qui est déjà cuit. Mettez un morceau de jambon gras et maigre dans la casserole avec de l'oignon haché, un bouquet de persil et un peu d'échalote. Lorsque cela est roux, vous mettez votre hachis dedans, avec demi verre de vin. S'il est trop sec, ajoutez-y du bouillon.

## Poitrine de Mouton.

Il faut la faire bien bouillir avec carottes et poireaux, la désosser, la farcir avec un hachis de jambon, mie de pain trempée au pot, très peu d'oignon, un peu d'échalote ; vous faites cuire ce hachis à la poêle, excepté la mie de pain que vous y ajoutez. Vous la panez ensuite et la faites frire. Mettez jambon gras et maigre dans une casserole avec très peu de graisse, rouelles d'oignons et de carottes. Lorsque c'est roux, vous y ajoutez de l'échalote et la laissez roussir ; bouquet de persil, une cuillerée de farine. Mettez-y de l'eau chaude et deux cuillerées de vin. Potirons, cornichons ou câpres. Coulez et mettez snr la poitrine.

## Queues de Moutons.

Faites-les blanchir un moment à l'eau bouillante. Faites-les cuire dans une casserole avec un bon assaisonnement d'oignon, sel, carottes et un bouquet d'herbes fines, ensuite on fait frire de l'oignon dans du beurre. On lie avec de la farine et on y met un peu du coulis ou du bouillon. Lorsque les queues sont bien cuites, on met la sauce dans un plat ; on les dresse dessus ; on les saupoudre de mie de pain et on fait le gratin avec feu dessus et dessous.

### Ventre d'Agneau.

Mettez l'ambote dans un pot avec de l'eau pour la faire cuire. Hachez-la avec un morceau de jambon, oignon, persil, ail, poivre et sel. Mêlez tout cela avec le sang de l'agneau, remplissez-en les boyeaux et faites-les cuire dans l'eau qui a servi à faire cuire l'ambote et qui sert de sauce pour le servir.

### Côtelettes d'Agneau au Gratin.

Après avoir bien arrangé vos côtelettes, vous faites un hachis composé de jambon, oignon, un peu d'échalote, persil, poivre et un peu d'agneau. Vous mettez cela dans un plat d'argent ou de fer battu avec vos côtelettes et lorsque c'est cuit, vous saupoudrez de mie de pain et mettez du feu dessus pour faire roussir.

### Côtelettes d'Agneau Frites.

Vous les arrangez bien rondes et l'os bien à nu ; battez deux œufs jaune et blanc ; trempez-y les côtelettes, roulez-les dans la miette de pain où vous aurez mis poivre et sel, et faites-les frire.

### Jambon Glacé.

Coupez le grand os du jambon et le nettoyez bien ; vous le mettez à dessaler trois jours. Vous l'enveloppez dans un torchon en le serrant bien et faites cuire dans un chaudron d'eau avec du foin, laurier, estragon, carottes et poireaux. Lorsqu'il est cuit, vous le désossez et pelez. Vous le mettez dans une soupière pour lui faire prendre la forme en observant de mettre le gras au fond et étendu partout autant que possible. Lorsqu'il est froid, vous l'ôtez ; vous mettez du sucre sur le gras et le glacez avec la pelle rouge.

## Pieds de Cochon.

Faites-les dessaler deux ou trois jours. Faites-les bouillir avec des feuilles de laurier de Pâques. Désossez-les et roulez-les comme des pieds de veau ; lorsqu'ils sont froids, trempez-les dans du blanc d'œuf battu, puis dans de la mie de pain et faites-les frire.

## Foie de Cochon.

Prenez la moitié du foie d'un cochon ; hachez-le bien; prenez du maigre de jambon, autant de lard frais, autant de viande fraîche de celle qu'on réserve pour faire les saucisses ; que ces trois choses réunies égalent en quantité le foie. Mettez un peu d'ail, d'oignon et de persil. Lorsque le tout est haché bien menu, mettez sel et force poivre et épicerie, puis pétrissez pour que ce soit bien mêlé ; étalez ensuite la toile du cochon dans une casserole: mettez toutes ces choses mêlées dedans et faites cuire au four.

## Saucisses.

Prenez de la viande de cochon frais, gras et maigre. Ne la hachez pas mais coupez-la à petits morceaux aussi menus que vous pourrez. Assaisonnez-la de poivre, sel, râpure de citron et un peu d'eau-de-vie. Vous frottez une terrine avec de l'ail dans tous les sens et après avoir bien pétri votre viande, vous l'y mettez dedans jusqu'au lendemain, puis vous remplissez vos boyaux en les piquant de temps en temps avec une épingle.

## Boudins.

Nettoyez bien les boyaux et laissez-les tremper dans de l'eau fraîche toute la nuit avec des feuilles de laurier de Pâques. Mettez à bouillir la tête du cochon dans une chaudière après en avoir ôté les oreilles, le museau et la langue; mettez-y des carottes, navets, persil, ail, quelques poivres rouges, de grands morceaux de lard et le moult du cochon que vous enfilez à des baguettes de bois pour qu'ils ne surnagent pas. Lorsque cela est cuit, vous le hachez, excepté le lard que vous

coupez par morceaux. Vous mettez tout
cela dans le sang du cochon en y ajoutant poivre, sel, une poêle d'oignon frit
et un peu d'épicerie. Vous mettez cela
sur de la cendre vive et remplissez vos
boyaux. Vous nouez les boudins et les
faites cuire dans la même eau où a cuit
la viande, en les remuant toujours et les
piquant avec une épingle. On connaît
qu'ils sont cuits, quand le gros boudin
commence à se fendre.

## Canard au Jus.

Hachez trois oignons, trois carottes,
très peu de céleri, mettez cela dans une
casserole avec une tranche de jambon
gras et maigre, deux cuillerées d'eau
et votre canard. Laissez bouillir à petit feu
en ajoutant de temps en temps un peu d'eau
chaude pour qu'il ne se brûle pas en le
retournant. Lorsque le canard est cuit,
ôtez-le, passez votre jus et le liez avec
un peu de farine. Assaisonnez-le avec
poivre, sel, cornichons ou câpres et roussissez s'il n'a pas pris assez de couleur.
Remettez le canard dedans la casserole,
sur un feu doux, jusqu'au moment de le
servir.

## Canard aux Olives.

Il faut ôter le noyau des olives en

coupant la chair, comme qui pèle une pomme ; elles se remettent ensuite comme si le noyau y était encore. On fait un hachis de jambon, d'oignon, échalote, poivre, persil, qu'on passe à la poêle. Lorsque c'est cuit, on y fait passer les olives dedans et on farcit le canard avec cela après l'avoir désossé ou sans l'avoir désossé et on le fait cuire comme ci-dessus.

## Canard Sauvage.

Faites un hachis composé de rouelles de carottes, oignons et de jambon haché, gras et maigre : mettez-en la moitié au fond d'un pot, mettez le canard dessus et le reste du hachis sur le canard; couvrez le tout de moitié eau et moitié vin, poivre et persil, recouvrez le pot d'un papier et laissez cuire à petit feu. Vous le liez ensuite avec un peu de farine et roussissez s'il en a besoin.

## Poule au Riz.

Faites cuire votre poule comme le canard au jus, vous faites bouillir quatre cuillerées de riz dans un petit pot avec un petit morceau de jambon et un très petit morceau de cannelle ; lorsqu'il est cuit, exprimez-le au couloir, mettez-le dans une casserole et délayez-le peu à peu avec votre jus jusqu'à ce qu'il soit assez mou. Mettez votre poule dessus et tenez chaud.

## Poulet à l'Estragon.

Mettez un poulet entier à la casserole avec trois ou quatre oignons hachés bien menu, une cuillerée de graisse qui est déjà chaude et un petit morceau de jambon; laissez roussir, mettez de l'eau chaude jusqu'à moitié poulet avec un bouquet d'estragon et un peu de farine.

## Fricassée de Poulet.

Vous mettez un peu de graisse dans la casserole, vous hachez de l'oignon, lorsque la graisse est chaude, vous l'y mettez en même temps que le poulet; lorsque le tout est roux, vous y ajoutez un peu de farine, poivre, sel, persil en bouquet, ou haché, mouillez et laissez bouillir une heure, liez hors du feu avec deux jaunes d'œufs délayés dans du vinaigre; si l'oignon n'est pas nouveau, ajoutez-y un peu de sucre, gros comme une noix.

## Fricassée de Poulet aux Petits Pois.

Vous mettez de la graisse dans une casserole avec de l'oignon et votre poulet découpé; lorsque le tout est roux, vous y mettez une cuillerée de farine et remuez, ajoutez-y les petits pois et mettez de l'eau chaude comme pour une fricassée ordinaire. Sel, poivre, sucre, laissez bouillir; lorsque c'est cuit, vous l'ôtez du feu et liez avec un jaune d'œuf, délayé dans du vinaigre.

## Poulet à la Crapaudine.

Otez la tête et le cou du poulet, fendez-le en long sans couper le croupion, ouvrez-le et aplatissez-le; faites-le cuire sur le gril de tout côté et le flambez; mettez dans un plat de l'huile, du vinaigre, poivre, sel et persil haché bien menu, dressez votre poulet dessus et servez.

## Cochevis en caisse.

Mettez dans une casserole un peu de jambon avec très peu de graisse; lorsque le jambon est frit, on y met les oiseaux. Quelques moments après, on y joint de l'oignon, de l'ail et du persil hachés. Lorsque le tout est bien roux, on y ajoute un peu de râpure de pain, un peu de bouillon, une grappe de raisin et un peu d'épicerie.

## Perdrix au Choux.

Vous faites cuire votre perdrix au pot avec des légumes, vous faites cuire dans un autre pot vos choux hachés comme pour une garbure qu'il faut flamber avec de l'oignon frit. Vous faites un jus (voyez jus aux pages suivantes), que vous mouillez avec le bouillon de la perdrix et y mettez les choux dedans après les avoir bien exprimés ; lorsque vous voulez servir, vous en couvrez la perdrix en ne laissant paraître que la tête.

## Bécasse en Salmis.

Faites roussir l'oignon avec un peu de graisse, retirez du feu ; mettez ensuite un peu de farine, du bouillon, demi verre de vin rouge, poivre et sel. Pilez le croupion et la tête de la bécasse, et mettez-les dans la sauce ; découpez la bécasse, qui aura été cuite un moment à la broche, et mettez-la dans la sauce en empêchant qu'elle ne bouille. Ajoutez-y des croûtes de pain rôties et roussissez la sauce avec du sucre brûlé.

## Rôties de Palombes.

Faites-les cuire un moment à la broche et qu'elles soient saignantes, vous les coupez et désossez. Hachez cette viande et assaisonnez-la de poivre et de sel, coupez des rôties de pain bien rondes et étendez-y ce hachis, mettez-les sur le gril et flambez-les ; servez-les toutes chaudes.

## Civet de Lièvre.

Prenez un oignon, quatre ou cinq gousses d'échalote et une petite tranche de jambon ; quand tout cela est bien haché, vous le mettez dans la casserole où il y a un peu de graisse chaude ; lorsque le hachis commence à roussir, vous y mettez votre lièvre, coupé en morceaux ; vous délayez le sang avec un verre de vin rouge et autant d'eau, vous mettez le tout ensemble avec un peu de poivre et laissez cuire.

## Paté de Lièvre.

Mettez votre lièvre coupé en morceaux, dans un pot ; couvrez-le d'eau et de vin, plus de vin que d'eau, bouquet de persil, une gousse d'ail, un peu de cannelle, d'épicerie, poivre, sel, un morceau de jambon gras et maigre que vous hachez avec de l'oignon et que vous faites d'abord passer à la poêle, râpure de pain pour donner la couleur ; laissez cuire.

*PATE* : Prenez gros comme le poing de levain de méture, faites fondre trois quarts de beurre dans lequel vous mettez trois quarts de sucre et un peu de sel, vous détrempez votre levain avec cela et y mettez demi-verre d'eau-de-vie, autant de fleur d'oranger et râpure de citron; lorsque c'est bien arrangé, vous y pétrissez huit jaunes d'œufs, vous mettez ensuite la farine peu à peu dans la même casserole et laissez la pâte un peu molle. Vous saupoudrez un torchon avec de la farine et y mettez la pâte jusqu'au lendemain, en la tenant chaudement dans une couverture de laine.

## Pâté à la Lanterne.

Il faut faire un hachis de porc frais ou jambon, oignon, persil, échalote, épicerie. On a toute espèce de gibier qu'on arrange dans la lanterne entremêlé avec le hachis; on allume le lampion dessous et on laisse cuire cinq ou six heures. Si on n'a pas de lanterne, on peut mettre cela dans une casserole et laisser cuire à petit feu. A la place du gibier, on peut mettre des foies gras ou mêler le tout ensemble si l'on veut. On l'arrange ensuite dans une soupière ou une croûte et on le mange froid.

## Dinde aux Olives.

Vous la farcissez comme le canard aux olives et vous la mettez à la broche.

## Dinde Glacée ou Galantine.

Désossez la dinde, il faut la fendre par le dos et ôter les os en écartant la viande peu à peu; vous faites un hachis de jambon, oignon, persil, échalote, poivre, épicerie et truffes, si vous en avez; vous étendez dans la dinde une couche de ce hachis; vous la couvrez de tranches de lard, de veau et de jambon, puis du hachis, ainsi de suite. Lorsque vous avez rempli le vide, vous cousez la dinde et la nouez en lui donnant une jolie forme. Vous la mettez dans une braisière avec carottes, oignons, jambon, comme pour un jus. Vous y ajoutez les os de la dinde, un ou deux pieds de veau et des os de veau, si vous en avez; vous mouillez comme un jus et lorsque c'est bien roux, vous y mettez assez d'eau pour que la dinde puisse cuire. Lorsqu'elle est cuite, vous l'ôtez et coulez ce jus. Vous battez deux blancs d'œufs que vous mettez dedans et laissez bouillir un moment. Coulez de nouveau et faites fondre deux onces de gélatine et laissez réduire. Vous le renversez ensuite sur un plat long, cela se caille pendant la nuit et vous en couvrez votre dinde; on peut en mettre dans des coquetiers et les renverser autour de la dinde.

## Ailes de Dinde au Jus.

Vous les pelez et leur ôtez l'os, piquezles et nouez-les ensemble pour leur donner la forme d'un fricandeau. Vous les mettez à cuire dans la casserole avec ce qui compose le jus. (Voy. jus aux pages suivantes).

## Croquettes de Poulet.

Deux poulets cuits dont on hache bien menu tous les blancs, puis on coupe par petits morceaux de jambon, du veau et des carottes qu'on fait frire avec un bon morceau de beurre, puis on y met un peu de farine et une tasse de lait. Lorsque cela est bien cuit, on passe le tout dans un tamis, on verse dans cette espèce de coulis le hachis des poulets; on fait des boulettes, ensuite on les roule dans de la mie de pain, on casse trois œufs, on bat le jaune avec le blanc, on y trempe les boulettes, on les roule encore une fois dans la mie de pain et on les fait frire dans de l'huile-vierge ou du beurre.

## Croquettes de pommes de terre

Vous faites un hachis avec des restes de viandes de poulet, de veau ou d'agneau; vous hachez un peu de jambon et d'oignon que vous faites frire à la poêle, vous y passez vos restes de viandes, vous avez des pommes de terre bouillies que vous écrasez toutes chaudes, vous les mêlez avec votre hâchis, en y ajoutant trois jaunes d'œufs, vous les mettez en boulettes, les trempez dans le blanc d'œuf battu, mie de pain et faites cuire.

## Croquettes de pommes de terre

Faites-les cuire à l'eau, écrasez-les, Mettez-y un peu de lait et de sel, du persil haché, eau de fleur d'oranger ou râpure de citron, trois jaunes d'œufs et une cuillerée de sucre. Pétrissez bien tout cela, faites des boulettes, panez-les et faites frire.

## Croquettes de Morue.

Faites cuire de la morue, assaisonnez-la avec de l'huile, du poivre, du persil et de l'ail, hachés bien menu. Vous y mêlez des pommes de terre bouillies, bien écrasées, et en faites des boulettes comme ci-dessus.

## Morue à la Crème.

Prenez un quart de beurre que vous mettez dans une casserole avec deux cuillerées de farine ; ajoutez du lait peu à peu pour détremper la farine ; mettez-en à peu près une tasse, poivre, une gousse d'ail et persil; le tout haché bien fin, et mettez sur le feu, en tournant toujours jusqu'à ce que ce soit en crème. Otez les arêtes de la morue qui doit être bien cuite et bien dessalée. Mettez-la dans la sauce et servez.

## Morue au Gratin.

Prenez un plat d'argent ou de fer battu,

mettez au fond de la miette de pain, de l'échalote, du persil, des cornichons, tout cela haché bien menu, de l'huile fine en petite quantité. Sur ce lit, rangez les morceaux de morue cuite, essuyée dans un linge, couvrez cette morue avec les mêmes ingrédiens que dessus. Couvrez avec de la miette de pain que vous arrosez d'huile, mettez du feu dessus et très-peu dessous. Laissez roussir le gratin et servez.

## Morue à la Bayonnaise.

Faites dessaler et cuire la morue, ôtez toutes les arêtes sans la briser. Mettez dans une casserole un bon morceau de beurre frais, autant d'huile et poivre ; mettez-y votre morue. Prenez la casserole, posez-la sur le bord du fourneau pour éviter qu'elle ne bouille ; faites-la tourner en lui faisant décrire un rond sur le bord du feu, jusqu'à ce que la sauce soit liée, et servez sur un plat à double fond où vous mettez de l'eau bouillante, pour qu'elle se tienne chaude.

## Morue en Sauce.

Faites-la bien dessaler et ensuite cuire. Mettez dans une casserole un morceau de beurre et lorsqu'il est fondu, vous y mettez une poignée d'oignons bien hachés que vous laissez roussir. Retirez la casserole du feu et mettez-y une bonne cuillerée de farine ; mouillez peu à peu en remuant avec l'eau où a cuit la morue, laissez bouillir. Poivre, ail et persil haché. Lorsque la sauce est faite, vous ôtez les arêtes de la morue et l'y mettez dedans pour lui laisser prendre le goût. Cette manière est excellente pour les pâtés feuilletés.

### Morue à la Provençale.

La morue doit être dessalée et bien cuite. Vous en ôtez toutes les arêtes, vous la pilez dans un mortier en y ajoutant de temps en temps un peu de lait. Mettez un morceau de beurre dans une casserole avec un peu d'huile, sur le feu. Faites frire dedans un peu d'oignon et une gousse d'ail hachés menus. Mettez votre morue dedans, battez-la bien avec une grande cuillère en bois et jetez-y peu à peu demi-livre d'huile fine en tournant toujours ; vous pouvez y joindre un peu de lait pour la rendre meilleure. Au moment de servir, mettez-y un peu de persil haché bien fin, quelques câpres ou cornichons. Vous pouvez la mettre dans un vol-au-vent

### Anguilles au Jus.

Mettez dans une casserole un peu d'huile ou graisse avec de l'oignon haché et des rouelles de carottes ; quand cela est roux, mettez de l'eau chaude et laissez bouillir. Passez votre jus, liez-le et mettez-y l'anguille dedans après l'avoir échaudée et frottée avec un linge sans la peler coupez-la à petits morceaux. Poivre, sel, cornichons, raisins, pruneaux. Vous y ajoûtez des croûtes de pain rôties. Roussissez.

## Anguilles en Sauce.

Il faut faire frire de l'oignon haché. On retire la casserole du feu et on y met une bonne cuillerée de farine qu'on laisse roussir un peu. On la détrempe peu à peu avec deux verres d'eau et un verre de vin. On y met l'anguille après l'avoir échaudée, frottée et coupée. On la laisse cuire et on y met des croûtons de pain rôtis et une cuillerée de sucre.

## Lamprole.

Prenez une poignée de poireaux et autant d'oignons que vous hachez et faites frire dans trois cuillerées d'huile ; ajoutez ensuite un peu d'échalote hachée, une cuillerée de farine, remuez et laissez roussir. Mouillez avec un verre de vin et autant de bouillon ou d'eau, après avoir délayé le sang avec le vin. Sel, poivre, raisins, pruneaux, pignons. Laissez bouillir à petit feu demi-heure. Mettez votre lamproie dans de l'eau bouillante, essuyez-la avec un linge, en la frottant bien fort. Coupez-la en morceaux et faites-la frire à la poêle. Mettez-la dans la sauce et laissez-la cuire. Roussissez.

## Muges Farcis.

Vous faites un hachis de miettes de pain quelques gousses d'ail, poivre, sel. Vous le détrempez avec de l'huile, du vinaigre, ou le jus d'une grappe de raisin. Farcissez-en le muge que vous trempez ensuite dans l'huile, et que vous faites cuire sur le gril. Vous mettez dans un plat de l'huile et du vinaigre avec du persil haché bien fin. Mêlez bien tout cela et mettez votre muge dessus.

## Anchois.

Il faut les laver à plusieurs eaux, leur ôter l'arête et les arranger en losange dans un plat. On fait durcir deux œufs, on hache les jaunes et les blancs à part. On met le blanc autour des anchois, le jaune autour du blanc et du persil haché bien fin, à petits paquets, autour du blanc. Couvrez les anchois d'huile.

## Rôties d'Anchois.

Coupez des carrés de pain sans croûte. Faites-les frire dans de l'huile fine. Nettoyez vos anchois comme ci-dessus, hachez et les étendez sur les carrés de pain. Hachez échalotes, persil, que vous passez à la casserole, mettez-y huile, poivre, un filet de vinaigre. Jetez cet appareil sur les rôties d'anchois et servez.

## Écrevisses.

Une tasse d'eau, une de bon vinaigre, une de vin, sel, poivre, épices, persil, oignon, fines herbes. Suivant la quantité d'écrevisses que vous aurez, il faut que le bouillon surnage. Faites bouillir le court-bouillon avant d'y mettre les écrevisses. Goûtez pour savoir s'il est bien relevé. Après les y avoir mises, il faut que le bouillon monte trois fois. A chaque fois, retournez les écrevisses, posez le chaudron sur une planche lorsque vous le retirez, et jetez-y un petit verre de vinaigre et laissez poser un moment. Arrangez-les dans un saladier et renversez dans un plat.

## Chou à l'Anglaise.

Prenez un ou deux choux blancs et faites-les bouillir un peu. Vous prenez ensuite du jambon, du veau, ou volaille cuite, de l'oignon, un peu d'échalote. Hachez le tout ensemble en y ajoutant le chou, que vous hachez aussi. Mettez tout cela dans une casserole, en y mettant de temps en temps une cuillerée de jus, jusqu'à ce qu'il y en ait assez pour prendre une couleur dorée. Quand c'est cuit, liez avec trois jaunes d'œufs, hors du feu. On graisse une autre casserole ou moule, on y jette de la miette de pain, qu'il y en ait partout, pour former le gratin. Vous mettez votre chou dedans et le reposez sur le fourneau ou devant le feu, sur des cendres vives, en tournant souvent la casserole. Mettez un couvercle avec du feu dessus. On le renverse dans un plat profond et on met le jus autour.

## Épinards au Lait.

Faites bouillir vos épinards avec un peu de sel, après les avoir épluchés, et jetez-les dans de l'eau froide. Hachez-les bien et exprimez-les tant que vous pourrez. Mettez-les dans une casserole, avec un peu de beurre, et mettez-y du lait peu à peu, remuez souvent. Une cuillerée de farine, du sucre et râpure de citron. Si on y met de la vanille, il ne faut pas d'autre parfum. Dressez-los sur le plat, avec des croûtons frits au beurre et saupoudrés de sucre.

## Purée à l'Oignon.

Coupez des oignons en rouelles ; mettez-les dans une casserole avec un peu de jambon, poivre et deux cuillerées d'eau. Lorsque cela est cuit, vous y mettez un verre de bon vin blanc et trois cuillerées de sucre. Vous laissez achever de cuire. Vous glacez ensuite une carbonnade que vous mettez dessus.

## Petits Oignons.

Mettez un peu de graisse dans une casserole. Quand elle est chaude, jetez-y vos oignons dedans. Laissez-les bien roussir, mettez-y très peu d'eau, poivre, sel, et laissez cuire; sucre, filet de vinaigre. S'ils ne sont pas assez roux, il faut les roussir.

## Oseille.

Nettoyez l'oseille et faites-la bouillir; faites roussir un peu d'oignon haché dans de la graisse. Quand l'oignon est roux, mettez-y l'oseille après l'avoir bien hachée ; sucrez-là à votre goût et servez sous des œufs en chemise, du poisson ou du salé.

## Fèves de Marais.

Vous faites bouillir vos fèves dans un pot, un quart-d'heure pour leur ôter l'amertume. Vous mettez dans une casserole

un peu de graisse et de l'oignon haché ;
quand il est roux, vous y mettez les fèves,
en les saupoudrant d'un peu de farine et
un peu de sel ; mettez-y un peu d'eau
chaude et laissez-les cuire. Une bonne cuillerée de sucre. Otez du feu et liez avec
deux jaunes d'œufs que vous délayez dans
une cuillerée de vinaigre.

## Artichauts Farcis.

Faites-les bouillir à l'eau, coupez-leur
le bout des feuilles et ôtez le foin. Faites
un hachis avec du jambon, de l'oignon,
un peu de poivre et faites-le frire à la
poêle ; lorsqu'il est cuit, vous y jetez de la
miette de pain, que vous laissez roussir.
Farcissez vos artichauts et passez la pelle
rouge dessus. Faites-les frire à la graisse.
En maigre, vous supprimez le jambon et
mettez de l'huile à la place de graisse,
avec un peu de sel.

## Petits-Pois.

Vous faites faire de petits oignons dans
de la graisse ; lorsqu'ils sont roux, vous y
mettez les petits-pois avec un peu de sel et
un peu de poivre. S'ils sont petits et tendres, vous n'avez pas besoin d'y mettre de
l'eau. Une cuillerée de sucre, quelques
croûtons rôtis.

## Purée.

Vous faites cuire vos petits-pois ou vos haricots à l'eau, avec assaisonnement de carottes et poireaux; vous les passez au couloir. Vous faites frire de l'oignon dans de la graisse et, quand il est roux, vous y mettez votre purée avec un peu de sel et une cuillerée de sucre.

## Haricots Verts.

Après en avoir ôté les deux bouts, vous les coupez en losange; faites-les bouillir à l'eau un moment. Vous faites frire de l'oignon dans de la graisse et, quand il est roux, vous y mettez les haricots avec une cuillerée de farine, bouquet de persil, poivre, sel et un peu d'eau chaude; quand ils sont cuits, une cuillerée de sucre. Au moment de servir, liez avec un jaune d'œuf délayé dans un peu de vinaigre.

## Carottes Farcies.

Ayez de belles carottes que vous coupez en morceaux carrés de la longueur d'un œuf; faites un trou d'un côté et vous faites un hachis de jambon et oignon que vous passez à la poêle et vous y ajoutez quelques restes de viandes cuites. Vous en farcissez vos carottes et lorsqu'elles sont far-

cies, vous les glacez avec un peu de sucre
et la pelle rouge. Vous mettez de la graisse dans une casserole et les faites frire jusqu'à ce qu'elles soient cuites. Vous les servez sur une sauce piquante ou un jus.

## Pommes de Terre au Hachis.

Vous faites un hachis de jambon, d'oignon et persil que vous faites cuire à la
casserole. Faites frire des pommes de terre coupées à morceaux et mettez-les dans
ce hachis.

## Entrée de Pommes de Terre.

Faites bouillir des pommes de terre que
vous pelez et écrasez dans une casserole
en y ajoutant un peu de lait, une cuillerée
de sucre, trois jaunes d'œufs et un peu de
sel. Vous faites un hachis avec de l'oignon,
du jambon, quelques restes de veau ou de
volaille, ou à défaut, de la cuisse d'oie;
vous le faites cuire à la poêle. Vous grais-
sez ensuite un moule ou une casserole,
vous y étendez vos pommes de terre tout
le tour et au fond avec les deux mains et
laissez un trou au milieu; vous remplissez
ce vide avec votre hachis et recouvrez de
pommes de terre. Vous mettez cela devant
le feu pour lui faire prendre couleur et
tournez souvent le moule; il faut aussi de

la cendre chaude dessous. Vous le servez
dans un plat profond, avec du jus dessous.

## Gateau de Pommes de Terre.

Faites-les cuire à l'eau, écrasez-les toutes chaudes, mettez-y quatre jaunes d'œufs
du sucre et eau de fleur d'oranger; fouettez
les blancs et mêlez le tout. Mettez cela dans
une casserole frottée de beurre et faites
cuire au four.

## Carottes.

Lorsque votre graisse est chaude, vous
y mettez vos carottes dedans coupées à
rouelles, avec un peu de sel; il ne faut
les remuer qu'en secouant la casserole.
Quand elles sont bien cuites et bien rous-
ses, vous y mettez du sucre.

## Céleri au Jus.

Coupez le bout du céleri et ne laissez
que le blanc; lavez-le bien et faites-le
cuire à l'eau. Vous le mettez ensuite dans
le jus avec des câpres.

## Céleri en Marinade.

Faites-le cuire à l'eau et égouttez-le,
saucez-le dans la marinade (voyez marinade), et s'il n'en prend pas assez lorsque

vous l'avez mis à frire dans la poêle, ver-
sez-en un peu dessus avec la cuiller.

## Lentilles.

Après les avoir bien nettoyées, vous les
faites cuire à l'eau dans un pot. Vous mettez un morceau de jambon dans une casserole avec un peu de graisse et d'oignon
haché. Lorsque c'est cuit, vous y mettez
les lentilles et laissez bouillir ; liez avec
un jaune d'œuf et un peu de vinaigre.

## Potirons.

Il faut bien les essuyer avec un linge.
Hachez les queues que vous mettez à cuire
dans une casserole avec de la graisse ou
de l'huile; vous y mettez un peu de persil
et d'échalote hachés, poivre et sel. Faites frire vos potirons à la graisse ou à
l'huile, lorsque votre hachis est roux,
vous les y mettez dedans en y ajoutant
un peu de vin ou de verjus et de la miette de pain.

## Œufs au Miroir.

Vous mettez un peu de beurre au fond
d'un plat, ou si vous n'en avez pas, un
peu de lait sucré ; cassez-y vos œufs,
lorsque le beurre est fondu ou que le lait
est chaud. Quand le blanc est pris, reti-

rez-les du feu. Mettez du sucre sur les jaunes et glaces-les avec la pelle rouge pour les achever de cuire.

## Œufs au Jus.

Vous avez une poêle d'eau bouillante sur le feu ; cassez-y des œufs frais dedans en faisant attention de ne pas les laisser durcir ; retirez-les dès qu'ils sont pris. Servez-les sur un jus. (Voyez jus aux pages suivantes.)

## Œufs au Lait.

Prenez sept jaunes d'œufs que vous écrasez bien avec un cuiller. Vous avez deux tasses de lait tiède où vous avez fait fondre trois cuillerées de sucre et une d'eau de fleur d'oranger, mettez votre lait peu à peu sur les œufs en remuant. Faites cuire au bain-marie, avec feu dessus et dessous. Quand ils sont cuits, vous les couvrez de sucre et passez la pelle rouge dessus.

## Œufs Farcis.

Faites durcir vos œufs, coupez-les par la moitié en long, ôtez-en le jaune que vous pétrissez dans une assiette avec du sucre et du persil haché bien fin, très-peu de sel. Remettez cela dans les œufs et glacez-les avec du sucre et la pelle rouge. Vous faites une sauce avec de l'oignon haché que vous faites frire, un peu de farine ; quand c'est roux, vous y mettez de l'eau, du sucre et un filet de vinaigre. Roussissez.

## Omelette au Rhum.

Battez séparément les blancs, ajoutez-les aux jaunes et battez bien le tout ensemble en y mêlant un peu de lait et un peu de sel, quelques restes de citron et du sucre. Faites cuire l'omelette à la poêle ; mettez-la dans un plat, saupoudrez-la avec du sucre et arrosez-la de rhum, auquel vous mettez le feu. Servez tout de suite.

## Omelette Soufflée.

Séparez les blancs et les jaunes de six œufs. Mêlez avec les jaunes quatre cuillerées de sucre râpé ; fouettez les blancs jusqu'à ce qu'ils soient en neige et mêlez-les avec les jaunes. Faites fondre un quart de beurre sur un feu doux, mettez-y les œufs en ramenant par-dessus ce qui est au fond. Quand l'omelette a bu le beurre, glissez-la en la repliant sur un plat beurré que vous mettez sur des cendres rouges ; couvrez avec un four de campagne et bon feu dessus. Il suffit d'un moment pour que l'omelette soit levée. Saupoudrez-la de sucre et servez à l'instant.

## Œufs farcis à l'Espagnole.

Faites durcir des œufs, coupez-les par moitié, ôtez le jaune, écrasez-les avec du sucre, du persil haché bien menu, deux clous de girofle, un peu de cannelle. Pour la sauce, faites frire de l'oignon dans de l'huile avec de la mie de pain, joignez-y deux jaunes d'œufs durs ; pilez le tout dans un mortier avec sucre, sel et poivre ; détrempez-le avec de l'eau tiède et servez avec les œufs.

## Œufs à la Tripe.

Choisissez les moins frais, faites-les cuire dix minutes, mettez-les dans de l'eau froide, pelez-les et coupez-les en deux en travers. Faites frire de l'oignon haché et, lorsqu'il est roux, mettez-y une cuillerée de farine que vous laissez roussir un peu ; ensuite de l'eau chaude peu à peu, en remuant. Poivre, sel, sucre et laissez bouillir ; ajoutez-y les œufs pour les tenir chauds, un filet de vinaigre.

## Œufs aux Tomates.

Vous avez de la sauce aux tomates que vous mettez dans une casserole sur le fourneau. Lorsqu'elle est chaude, vous y jetez vos œufs battus dedans et remuez toujours en tournant comme la crème, ôtez-les dès qu'ils sont pris sans les laisser trop cuire. Il faut que la sauce soit assaisonnée.

### Sauce Piquante.

Faites roussir un oignon bien haché dans un peu de graisse. Mettez-y une cuillerée de farine que vous laissez roussir, mouillez avec de l'eau chaude peu à peu en remuant. Sel, poivre, bouquet de persil un clou de girofle ; laissez bouillir une heure, coulez. Sucre et un filet de vinaigre. Servez avec du salé, des œufs frits ou restes de viandes.

### Sauce douce pour le Lièvre.

Mettez du vin blanc dans une petite casserole avec un morceau de cannelle et trois cuillerées de sucre ; laissez réduire longtemps à petit feu. Lorsque c'est comme du sirop, vous y mettez un filet de vinaigre en l'ôtant du feu.

### Jus.

Mettez au fond d'une casserole deux cuillerées d'eau, un morceau de jambon, une couche d'oignons et une couche de carottes coupés à tranches, un poulet ou des ailerons, pattes et cous de volailles.

Faites roussir en remuant souvent et mettant de temps en temps très peu d'eau chaude pour que cela ne s'attache pas à la casserole. Quand tout cela sera bien roux, vous finirez de mettre l'eau au niveau du poulet. Laissez bouillir ; vous coulez ensuite. Passez un peu d'eau à la casserole, mettez-y une cuillerée de farine que vous détrempez peu à peu avec le jus que vous venez de couler. Mettez-y du poivre et peu de sel et remettez sur le feu pour le laisser lier. Au moment de servir, mettez-y des câpres ou cornichons hachés.

## Sauce pour les Émincés de Mouton.

Mettez un petit morceau de jambon dans une casserole avec très-peu de graisse et de l'oignon haché. Quand l'oignon est roux, vous y mettez un peu de farine et mouillez avec un peu de bouillon et un peu de jus si vous en avez ; poivre, sel, une idée de limon. On fait aussi cette sauce sans jambon et de l'échalote au lieu d'oignon. Mettez vos émincés dans la sauce pour les rechauffer sans laisser bouillir.

## Mayonnaise.

Mettez deux jaunes d'œufs dans un bol. Tournez-les avec un cuiller de bois, toujours du même côté en y versant goutte à goutte un quart d'huile fine, de manière à ce que cela fasse une sauce de l'épaisseur d'une crème. Vous exprimez dedans un jus de citron ou deux cuillerées de vinaigre. Hachez bien menu un peu d'échalote et de persil que vous y mettez au moment de servir avec poivre et sel. Cela se sert avec toute espèce de viandes froides, petit salé, anguilles, etc.

## Sauce piquante pour un Filet levé.

Vous mettez un peu de jus dans un plat, de l'échalote hachée, un peu de poivre et un filet de vinaigre. Otez le filet de la broche et mettez-le dans la sauce avec le jus qu'il a jeté.

## Sauce pour le Bœuf.

Prenez échalote, persil, oignon, champignons; hachez cela et faites frire à la casserole, laissez bien réduire. Mouillez avec un verre de vin blanc, du bouillon et des câpres. Poivre et sel.

## Sauce au Beurre.

Mettez dans une casserole un morceau de beurre avec un peu de farine, poivre

et sel ; vous délayez cela avec de l'eau.
Vous mettez la casserole sur le bord du
fourneau et la faites tourner jusqu'à ce que
la sauce soit liée. Vous y mettez des câpres
en l'ôtant du feu, et un jaune d'œuf si
votre beurre est trop blanc.

## Sauce à la Remoulade.

Mettez dans un plat une échalote, persil, ail, un anchois et des câpres, le tout
haché très fin, sel et poivre. Délayez avec
un peu de moutarde, de l'huile et du
vinaigre.

## Sauce aux Tomates.

Mettez les tomates dans une poêle, sans
eau. Laissez-les cuire et passez-les dans
une passoire assez fine pour que les graines ne passent pas. Vous mettez dans une
casserole une poignée d'oignons hachés,
un peu de gras de jambon, une gousse
d'ail, poivre et sel. Quand c'est roux, vous
y mettez vos tomates et un peu de farine ;
laissez bouillir. Une cuillerée de sucre.

## Sauce au Limon.

Faites frire dans une casserole une poignée d'oignons hachés. Quand ils sont
roux, mettez-y une cuillerée de farine, que

vous laissez roussir. Mouillez avec un verre de bouillon et demi-verre de vin blanc, poivre, sel un très-petit morceau de limon. Cette sauce est bonne pour toutes sortes de restes de volaille.

## Crème Jaune au Café.

Faites griller deux poignées de café et jetez-les dans une casserole de lait bouillant avec le sucre suffisant. Lorsque le lait a assez refroidi, vous détrempez vos jaunes d'œufs peu à peu et faites cuire en tournant toujours du même côté. Quand elle est faite, vous la coulez pour en ôter les grains de café.

## Crème au Café.

Faites cuire votre lait, sucrez-le et mettez-y du café. Lorsqu'il est tiède, vous détrempez vos jaunes d'œufs et faites cuire comme ci-dessus.

## Crème à la Vanille.

Vous mettez votre lait à cuire avec un morceau de vanille et le sucrez. Sur trois tasses de lait, il faut sept jaunes d'œufs que vous détrempez et faites cuire comme ci-dessus. Si les œufs vous manquent et que vous ne puissiez pas en mettre autant, détrempez un peu de farine dans cinq jaunes d'œufs avant d'y mettre le lait.

## Crème à la Neige.

Faites une crème à la vanille. Fouettez les blancs jusqu'à ce qu'ils soient en neige. Vous avez conservé un peu de lait parfumé et sucré que vous remettez sur le feu. Vous mettez vos blancs d'œufs à cuire dedans, par cuillerées, que vous arrangez ensuite sur votre crème.

## Crème Frite.

Mettez dans une casserole trois cuillerées de farine, délayez-la peu à peu avec six œufs blancs et jaunes, un peu de râpure de citron et eau de fleur d'oranger, ou vanille seule, que vous mettez à cuire dans le lait, une pincée de sel. Détrempez les œufs avec le lait et faites cuire à petit feu pendant demi-heure en tournant toujours. Quand elle sera bien épaisse, étendez-la de l'épaisseur d'un doigt sur un plat fariné et jetez de la farine dessus. Quand elle sera froide, vous la couperez comme vous voudrez pour la faire frire dans de la graisse bien chaude. Ensuite vous la glacez avec du sucre et la pelle rouge.

## Petits Pots au Café.

Mettez dans un pot de crème un jaune d'œuf, une cuillerée de sucre et finissez de remplir avec du café. Mesurez de même tous les pots que vous voulez faire et le jetez à mesure dans un saladier. Mélangez-le, remplissez vos pots de nouveau. Vous avez ensuite une large casserole sur le fourneau avec de l'eau chaude; vous y mettez les pots dedans, avec du feu dessus, pour les faire cuire!

### Blanc-Manger.

Faites cuire deux tasses de lait avec demi-livre d'amandes douces pelées et bien pilées dans un mortier. Coulez cela et remettez sur le feu avec une once de gélatine que vous y faites fondre en tournant toujours. Sucrez-le. Battez dix blancs d'œufs à neige, versez-y votre lait en tournant et faites cuire comme la crème blanche. Huilez un moule légèrement et renversez-y votre crème. Laissez refroidir, démoulez et servez.

### Crème au Caramel.

Faites fondre une prise de chocolat dans trois tasses de lait. Prenez une autre petite casserole où vous mettez une bonne cuillerée de sucre avec une cuillérée d'eau, faites-le roussir comme du caramel et laissez-le refroidir; détrempez-le ensuite avec votre lait, sur le feu, en remuant. Prenez six jaunes d'œufs, que vous écrasez avec trois cuillerées de sucre; mettez-y votre

lait peu à peu; quand c'est bien mêlé, mettez cela sur le feu et faites cuire en tournant comme une autre crème.

## Crème Fouettée.

Mettez dans un saladier de la crème de
lait avec une quantité de sucre proportion-
née, une pincée de gomme adragante en
poudre, un peu d'eau de fleur d'oranger,
fouettez le tout avec un paquet de brin
d'osier. Quand le mélange est bien renflé,
vous le laissez un moment. Vous le levez
ensuite avec une écumoire et le dressez
en pyramide sur un plat ou bien vous vous
en servez pour mettre dans les meringues.

## Crème Blanche.

Vous faites cuire trois tasses de lait avec
un morceau de vanille, et vous le sucrez.
Fouettez six blancs d'œufs jusqu'à ce qu'ils
soient en neige, lorsque votre lait est tiède, vous le versez peu à peu sur vos blancs
en remuant toujours. Mettez-le sur le feu
et faites cuire en tournant toujours.

## Crème au Chocolat.

Faites fondre trois billes de chocolat
dans trois tasses de lait et sucrez-le. Quand
il est bien fondu et tiède, vous détrempez
six jaunes d'œufs peu à peu avec ce cho-

colat et y ajoutez deux cuillerées de café. Faites cuire comme ci-dessus.

## Escoton au Lait.

*Proportions :* Pour une tasse de lait, deux cuillerées de farine de maïs et une de sucre. Vous détrempez la farine dans un peu d'eau, pour en faire une pâte; vous la jetez dans le lait bouillant où vous avez mis le sucre et une feuille de laurier d'Espagne. Vous faites cuire en remuant comme la crème. Servez chaud.

## Pain au Riz.

Faites crever demi-livre de riz dans du lait avec un morceau de vanille. Qu'il ne soit pas trop mou. Quand il est crevé, mettez-y huit jaunes d'œufs un à un, en remuant. Sucrez-le. Prenez un moule où vous mettez du sucre que vous faites fondre sur le fourneau et quand il est en caramel, vous tournez le moule dans tous les sens pour que cela se répande partout. Vous y jetez alors votre riz et faites cuire au bain-marie ou au four. Pour voir s'il est cuit, il faut enfoncer une paille dedans qui ne soit point mouillée en la retirant.

## Tête de Riz.

Faites crever du riz dans du lait avec de la vanille. Vous le sucrez et le mettez dans

un grand bol; ne le faites-pas trop mou.
Vous faites une crème jaune à la vanille
que vous mettez dans un plat profond.
Quand votre riz est froid, vous l'ôtez du
moule et le posez sur la crème; piquez-le
avec des amandes pelées et coupées en
quartiers.

## Riz au Lait.

Faites crever quatre cuillerées de riz
dans du lait avec un morceau de cannelle;
ajoutez-y du lait à mesure qu'il durcit;
mettez-y deux cuillerées de sucre. Otez-le
du feu lorsqu'il est bien crevé, laissez refroidir un peu et liez avec deux jaunes
d'œufs.

## Rôties au Lait.

Mettez dans un plat profond deux ou
trois jaunes d'œufs avec du sucre que vous
écrasez bien, versez-y peu à peu une tasse
de lait tiède en remuant comme pour la
crème, et une cuillerée d'eau de fleur d'o-
ranger. Coupez des rôties de pain que
vous mettez à tremper là-dedans. Faites-
les frire à la graisse et saupoudrez-les avec
du sucre fin.

## Montagne Russe.

Prenez six belles pommes reinettes que
vous pelez avec soin et ôtez-en le cœur;

mettez-les dans une casserolle avec du sucre et laissez-les cuire dans leur jus, sans qu'elles perdent leur forme. Vous faites une crème à la vanille pas trop claire, jetez-le sur vos pommes après les avoir arrangées en pyramide dans un plat profond. Battez vos blancs jusqu'à ce qu'ils soient en neige et mettez-les en pyramides sur vos pommes et votre crème. Répandez sur le tout du sucre râpé, mettez au four jusqu'à ce que la montagne ait pris une couleur dorée. Ce plat se sert comme toutes les autres crèmes.

### Coque au Café.

Faites cuire trois tasses de lait que vous sucrez et dans lequel vous mettez du café. Mettez dans un plat douze ou quinze jaunes d'œufs, que vous détrempez peu à peu avec votre lait quand il est tiède. Vous avez ensuite un moule où vous mettez du sucre que vous faites fondre sur le fourneau, comme pour le pain au riz, et faites cuire de même. Si on la veut à la vanille ou au chocolat, on le met à la place du café.

### Gâteau de Savoie.

On prend vingt-quatre œufs sur une livre de fariné et une livre de sucre râpé, un quart d'amendes si l'on veut, la râpure d'un citron et un peu d'eau de fleur d'oranger. On bat les jaunes d'œufs avec le sucre pendant qu'une autre personne bat les blancs. Quand le tout est bien battu, on le mêle ensemble et on ajoute la farine peu à peu en remuant toujours avec une cuiller. On met du beurre dans le moule qu'on saupoudre de sucre. On y met le gâteau et on fait cuire au four une heure et demie.

## Tarte à la Compote.

Commencez par faire votre compote avec une douzaine de pommes que vous pelez et dont vous ôtez le cœur. Mettez-les à cuire avec un morceau de cannelle, du sucre et un peu d'eau. Prenez ensuite une livre de farine que vous mettez sur une table : faites un trou au milieu, mettez-y du sel, un jaune d'œuf et très-peu de beurre; pétrissez le beurre et l'œuf et mettez-y une tasse d'eau qui sert à détremper la farine. Lorsque votre pâte a assez de consistance, vous la pétrissez et la battez bien. Laissez-la reposer deux heures pour la faire revenir. Vous l'étendez ensuite avec le rouleau et la laissez un peu épaisse. Vous avez une livre de beurre que vous lavez et pétrissez bien; essuyez-le et étendez-le sur la pâte. Doublez votre pâte en trois et passez le rouleau dessus pour l'étendre sans la faire crever. Recommencez cinq fois en été et sept fois en hiver. Beurrez une plaque et dressez votre tartre dessus. Gardez de la pâte pour mettre une bande autour. Mettez la compote au milieu et mettez dessus de petits rouleaux de pâte croisés. Dorez avec un jaune d'œuf détrempé avec un peu d'eau. Faites cuire à un four doux, au lieu de compote on peut y mettre de la morue à la provençale ou de la crème.

## Nougn.

Mettez une livre d'amandes douces dans de l'eau chaude pour les peler. Lavez-les et faites-les égoutter sur un linge. Coupez-les en filet et faites cinq filets de chaque amande. Faites-les sécher sur le fourneau ou devant le feu, de sorte qu'elles prennent une couleur dorée. Mettez une livre de cassonade jaune dans une casserole, faites-la fondre sur le fourneau en remuant avec une cuiller en bois. Jetez vos amandes chaudes dedans. Retirez la casserole du feu et mêlez bien vos amandes avec le sucre. Vous pouvez remettre un peu sur le feu si le sucre devient trop dur et que vous ne puissiez pas remuer aisément. Essuyez le moule, frottez-le avec de l'huile, jetez-y les amandes toutes chaudes et étendez-les bien minces avec un citron que vous appuyez sur les amandes. Faites cela très-vite pour ne pas laisser refroidir. Quand le nouga est bien moulé, mettez-le dans une terrine d'eau froide; démoulez et servez au dessert.

## Balgnets.

Faites bouillir une cafetière d'eau avec un morceau de vanille ou bien de cannelle et feuilles d'oranger. Mettez cette eau parfumée dans une casserole de cuivre sur le fourneau, un morceau de beurre et un peu de sel; vous y jetez ensuite la farine peu à peu en remuant toujours avec une cuiller en bois et faisant tenir la casserole par une autre personne. Vous connaissez que la pâte est cuite, quand elle s'attache à la casserole. Il faut qu'elle soit un peu dure. Otez-la du feu et mettez-la dans une terrine pour la laisser refroidir. Cassez-y des œufs l'un après l'autre, en les pétrissant à mesure jusqu'à ce qu'elle soit assez mole. Mettez-y un peu d'eau-de-vie et un peu de sucre. On prend cette pâte avec une cuiller et on la fait frire dans la graisse. Saupoudrez de sucre et servez chaud.

## Meringues.

Huit blancs d'œufs bien battus, demi-livre de sucre râpé mêlés ensemble avec une cuillerée d'eau de fleur d'oranger.

Plissez un papier autour d'une bonde de barrique, ce qui vous donnera de petits moules dans lesquels vous mettez votre pâte aux deux tiers pleins. Faites cuire au four pas trop chaud. Vous pouvez aussi l'étendre par cuillerée sur du papier ou sur une plaque beurrée, y laisser un trou, le faire passer au four un moment, y mettre ensuite de la crème fouettée ou crème à la Chantilly. Joindre deux morceaux ensemble et remettre au four jusqu'à ce que ce soit roux.

## Collnette.

Un quart d'amandes, un quart de sucre râpé. Il faut peler et faire bien sécher les amandes. Il faut ensuite les piler peu à peu en y ajoutant du sucre. On le passe dans une passoire pour voir s'il en reste aucun morceau, et on repile encore. On prend sept œufs qu'on sépare des blancs. On mêle les jaunes qu'on met sur les amandes et qu'on remue bien jusqu'à ce que cela fasse des yeux. On bat les blancs en y en mettant deux de plus, on les ajoute au reste en remuant très vite, et il faut avoir soin de ne pas y mettre l'eau qui reste au fond des blancs. On y met peu à peu une poignée de farine bien fine, en remuant toujours. On a un moule beurré et on y verse tout d'un coup le gâteau. On le saupoudre de sucre et on enfourne tout de suite. Si on le veut à la vanille, il faut la bien piler.

## Gâteau aux Amandes.

Un quart de farine de maïs passée bien fin, demi-livre de sucre râpé, une poignée d'amandes pilées, sept jaunes d'œufs qu'on emploi de la même manière que pour le gâteau à la janin, les blancs à part.

## Gâteau des Rois.

Sur chaque douzaine d'œufs, une livre de levain fait avec la fleur de farine. On casse les œufs, on brouille les jaunes, on bat les blancs, on les mêle en les faisant chauffer autant qu'on peut s'il fait froid; s'il fait chaud, il suffit que les œufs soient tièdes; cela fait, on délaye le levain dans ces œufs jusqu'à ce que le tout soit bien liquide; alors on fait fondre à petit feu demi-livre de beurre en remuant toujours du même côté pour qu'il ne tourne pas. On mêle ce beurre fondu avec les œufs et le levain, on y amalgame trois-quarts de sucre bien râpé, on y ajoute la farine nécessaire pour faire une pâte légère qu'il faut travailler vivement en y mettant de l'eau de rose, et on fleure avec la farine fine. On enveloppe la pâte dans un linge grossier qu'on a soin de fleurer. Il faut attendre que la pâte soit bien levée. On arrange le gâteau, on le dore avec un jaune d'œuf délayé dans de l'eau tiède, et on le met au four.

## Gâteau d'Amandes promptement fait.

Prenez trois œufs avec leurs coquilles, prenez même poids de farine, autant de beurre frais, même poids de sucre râpé, avec lequel vous pilerez trois onces d'amandes douces pelées, un peu d'écorce de citron ou fleur d'oranger. Mettez les trois œufs blancs et jaunes dans un mortier avec tout le reste, pour en faire une pâte. Beurrez le fond d'une casserole, faites cuire à petit feu dessus et dessous. Saupoudrez-le de sucre.

## Tablettes.

Prenez trois œufs, trois cuillerées de farine et trois cuillerées de sucre râpé. Mêlez bien le tout ensemble et étendez-le sur une plaque beurrée. Vous y parsemez quelques morceaux d'amandes, et mettez au four. Quand la pâte commence à être un peu dure, vous coupez vos gâteaux en losanges et les remettez au four jusqu'à ce qu'ils soient bien croquants.

# Gâteaux à la Gelée de Groseille.

La pâte se fait comme les tablettes, mais sans amandes. Quand le gâteau est cuit, on met dessus de la gelée de groseille après l'avoir coupé et laissé refroidir.

## Biscuits d'Amandes.

Prenez deux onces d'amandes douces et une d'amandes amères, que vous pelez et pilez très fin dans un mortier, et pour empêcher qu'elles ne tournent en huile, vous y mettez de temps en temps une pincée de sucre. Ensuite il faut les battre un quart-d'heure avec une pincée de farine, trois jaunes d'œufs et quatre onces de sucre râpé. Fouettez quatre blancs d'œufs, et les mêlez avec le reste. Vous avez des moules de papier faits en caisse. Beurrez légèrement en dedans et y dressez vos biscuits. Saupoudrez-les de sucre fin mêlé de farine. Faites cuire à un four doux. Quand ils auront une belle couleur, vous les ôtez du papier pendant qu'ils sont chauds.

## Macarons.

Pelez demi-livre d'amandes douces, essuyez les et pilez-les dans un mortier, les arrosant d'un peu d'eau de fleur d'oranger pour qu'elles ne tournent. Prenez autant de sucre en poudre, avec quatre blancs d'œufs et battez bien le tout ensemble. Puis vous dressez vos macarons sur le papier, avec une cuiller et faites cuire à petit feu.

## Semelles.

Trois œufs frais, une cuillerée de vin d'Espagne, quatre onces de farine, quatre onces de beurre frais. Mettez-le tout sur une table, ajoutez-y un peu d'eau de fleur d'oranger. Faites-en une pâte que vous travaillez et étendez avec le rouleau. Coupez-la en carrés longs et faites cuire à demi dans un four. Ensuite faites du caramel et vous ôtez les semelles du feu. Glacez-les avec ce caramel, lorsqu'elles seront demi froides, avec une lame de couteau, et remettez à cuire à petit feu.

## Macarons au Chocolat.

Deux onces et demi de chocolat que vous pilez avec six onces de sucre. Battez quatre blancs d'œufs en neige, et vous mêlez le tout ensemble. Dressez vos macarons sur du papier par cuillerées, et faites cuire à four doux.

## Charlotte.

Pelez une douzaine de pommes, ôtez-en

le cœur, mettez-les à cuire avec un bon morceau de cannelle, de sucre et peu d'eau. Faites une pâte comme celle des rissoles. Vous l'étendez avec le rouleau et faites de petites bandes que vous coupez de la largeur d'un travers de doigt. Beurrez une casserole et posez vos bandes dedans en croix, assez rapprochées et qu'elles soient assez longues pour recouvrir la casserole. Vous y mettez votre compote dedans et recouvrez avec les bandes formant de petits carreaux. Faites cuire au four.

## Millas.

Demi-livre farine de millet, autant de sucre, autant de beurre frais, dix œufs, pétrissez bien le tout à l'exception des blancs d'œufs que vous battez bien et auxquels vous mettez un peu de râpure de citron et eau de fleur d'oranger, en les mêlant avec le reste. Battez bien tout ensemble, beurrez une tourtière et faites cuire au four doux.

## Rissoles.

Pour cinq jaunes d'œufs, deux cuillerées de sucre, une d'eau-de-vie et une d'eau de fleur d'oranger. On fait fondre dans une casserole un morceau de beurre, gros comme un œuf, avec deux cuillerées d'eau et un peu de sel ; quand c'est fondu, on le mêle bien avec les œufs ; on y ajoute la farine en pétrissant jusqu'à ce que la pâte ait assez de consistance. Travaillez-la en la battant bien sur la table. Plus vous la laisserez molle, et plus les rissoles seront meilleures. Vous l'étendez bien mince avec le rouleau et la coupez en rond avec un verre. Vous pouvez y mettre du hachis dedans, vous le repliez et les faites frire à la graisse.

## Marinade.

Faites tiédir un peu d'eau. Vous avez dans une casserole trois cuillerées de farine, que vous détrempez avec cette eau, pour en faire une pâte un peu dure, et où il faut mettre un peu de sel. Vous y cassez trois œufs avec le blanc, en remuant ; une cuillerée d'eau-de-vie, deux de sucre et râpure de citron. Coupez des rouelles de pommes que vous trempez dans cette marinade et et que vous faites frire à la graisse. Une fois qu'elles sont dans la poêle, il faut leur jeter un peu plus de marinade, parce qu'elles n'en prennent pas assez. Vous pouvez remplacer les pommes par du poulet froid, du céleri bouilli, des salsifis, des ris de veau, etc.

## Crêpes.

Prenez trois cuillerées de farine, cinq ou

six jaunes d'œufs, trois œufs entiers, du
sucre rapé et eau de fleur d'oranger. Mêlez bien tout ensemble et délayez ensuite
avec du lait jusqu'a consistance de bouillie
claire. Mettez un peu de beurre dans une
poële, seulement pour la beurrer partout.
Quand il est fondu et que vous l'avez fait
passer sur toute la superficie de la poële,
mettez-y une cuillerée de votre pâte, étendez-la bien en l'inclinant dans tous les
sens; retournez-la pour lui faire prendre
couleur. Saupoudrez de sucre et servez
brûlant.

### Gâteau à la Janin.

Un quart fécule de pomme de terre, demi-livre de sucre râpé, sept œufs frais.
Prenez un saladier et mettez-y une cuillerée de farine, autant de sucre et un jaune
d'œuf. Ecrasez et mêlez bien ensemble,
et ainsi de suite tant que vous aurez des
œufs. Battez bien les blancs, et pour qu'ils
se conservent bien moussés, jetez-y le
reste de votre sucre. Mêlez le tout ensemble, avec une cuillerée d'eau de fleur d'o-
ranger. Beurrez une casserole ou un
moule, jetez-y le gâteau dedans et l'enter-
rez à moitié dans la braise. Mettez un couvercle avec du feu, sous lequel on met une
feuille de papier. Laissez cuire demi-heure.
Pour voir s'il est cuit, vous enfoncez une
paille qui doit en être retirée sèche.

## Macaroni.

Vous mettez votre macaroni à bouillir
dans une sasserole et le couvrez de bouillon ou d'eau, un peu de sel, du fromage
râpé et un morceau de beurre. S'il devient
trop sec, ajoutez du bouillon ou de l'eau et
laissez-le bien crever; on met le tout dans
un plat, sur le fourneau, avec peu de feu,
seulement pour le tenir chaud. Couvrez-le
d'une couche de fromage râpé, ensuite une
couche de miette de pain qu'on arrose avec
du beurre. Mettez un couvercle avec du
feu dessus pour former le gratin et le faire
roussir.

## Pralines.

Vous prenez une livre d'amandes douces que vous frottez dans un linge pour
en ôter la poussière. Vous mettez une livre de sucre dans une casserole avec vos
amandes, un demi verre d'eau et un peu
de carmin. Mettez le tout sur le feu jusqu'à ce que les amandes pétillent fort. Retirez les du feu et travaillez-les jusqu'à ce
que le sucre soit détaché des amandes.
Vous retirez une partie du sucre et remettez les amandes sur le feu en les remuant
légèrement avec la spatule. A mesure
qu'elles reprennent le sucre, faites attention que le feu soit un peu vif; quand elles
l'auront repris, vous remettez celui que

vous avez réservé et continuez à les griller. Mettez-les sur une feuille de papier et séparez celles qui tiennent ensemble.

## Biscuits du Palais-Royal.

Six œufs frais, le même poids de sucre en poudre et de farine. Cassez vos œufs, mettez les blancs à part, fouettez-les bien en neige, mettez-y le sucre et remuez jusqu'à ce qu'il soit mêlé avec le blanc; ajoutez-y les jaunes, mêlez-y peu à peu la farine; battez le tout avec le fouet. Mettez-y quelque parfum. Mettez dans des moules, glacez légèrement avec du sucre en poudre et faites cuire au four,

## Biscuit Royal.

Prenez sept œufs frais, fouettez les blancs à neige, mettez-y sept onces de différentes marmelades avec ces blancs que vous fouettez encore; ensuite mettez-y cinq jaunes d'œufs. Fouettez le tout un quart-d'heure. Prenez sept onces de farine de riz et sept onces de sucre que vous mêlez avec le reste. Dressez dans des moules de papier et faites cuire à très-petit feu.

## Biscuit à la Crème.

Prenez sept blancs d'œufs frais, battez-les bien, mettez-y demi-livre de sucre en poudre, un quart de farine; bien battre le tout ensemble. Prenez un litre de crème que vous fouettez, prenez-en la mousse avec une écumoire, faites-la égouter sur un tamis, mettez-la dans le biscuit que vous dressez dans des moules de papier ou de ferblanc. Vous les glacez avec du sucre en poudre et faites cuire à petit feu.

## Merveilles.

Mettez sur la table une poignée de farine, un peu de sel, une tasse à café de lait, du beurre gros comme un œuf; pétrissez et battez bien cette pâte, étendez-la avec le rouleau et pliez-la en quatre, recommencez jusqu'à cinq fois. Étendez-la bien et coupez des morceaux en losange que vous faites frire. Saupoudrez de sucre.

## Pâté à la Béarnaise

Cette pâte peut se faire un moment avant le dîner, il ne faut pas qu'elle fermente. On fait fondre demi-livre de beurre dans une casserole, avec une tasse d'eau et un peu de sel. On met dans une casserole dix jaunes d'œufs qu'on écrase avec un quart de sucre, deux cuillerées d'eau de fleur d'oranger, autant d'eau-de-vie. On y mêle le beurre fondu et on ajoute de la farine jusqu'à ce que la pâte ait assez de consistance, mais pas trop dure. On l'étend avec le rouleau un peu mince. On beurre un moule profond et on le garnit avec cette pâte. On y met dedans du gibier ou de la volaille, des foies gras, etc. , on couvre de la même pâte et on fait cuire au four ou devant le feu.

## Pâté.

Battez quinze œufs blancs et jaunes tout ensemble. Mettez-les dans une terrine avec deux cuillerées d'eau de fleur d'oranger, râpure de citron, un peu de sel, un quart de beurre , une livre cassonade , demi-verre d'eau-de-vie, une tasse de lait chaud; remuez toujours, détrempez-y deux poignées de levain de méture, mêlez tout cela ensemble sans cesser de remuer et de battre avec la main. Ajoutez de la farine jusqu'à ce que la pâte ait assez de consistance, mais observez de la laisser molle et qu'elle file à la main en la retirant. Laissez-la dans la même terrine auprès du feu, bien couverte, jusqu'au lendemain. Beurrez une casserole et faites cuire au four.

## Noix Confites.

Il faut couper les noix aux deux bouts, les trouer en croix aux flancs, les mettre à tremper pendant quinze jours, en changeant l'eau tous les jours, faites-les bouillir dans un chaudron jusqu'à ce qu'elles soient ramolies. Après on les étend sur la paille pour les égoutter. On introduit dans chaque trou un morceau d'écorce de citron. Faites votre sirop en mettant une livre et demie de sucre par livre de fruit. Vous mettez dans un sachet de toile des clous de girofle bien pilés que vous mettez dans le sirop, et lorsqu'il est presque fait, on met les noix dedans et on les laisse bouillir un quart d'heure. Retirez le tout du feu et laissez tremper les noix jusqu'au lendemain. Vous les remettez ensuite sur le feu pour les achever de cuire.

## Confiture de Coing.

Il faut peler les coings, les couper par quartiers et en ôter le cœur. Mettez vos coings à cuire avec un morceau de cannelle et les couvrez d'eau et la peau de quelques coings. Faites-les bouillir jusqu'à ce qu'ils deviennent tendres. Vous les ôtez avec une écumoire et les mettez à égoutter sur un linge. Vous passez cette eau au tamis et en prenez autant de tasses que vous avez de livres de fruit et de sucre. Vous mettez le sucre et l'eau sur le feu, et quand le sirop est presque fait, vous y mettez les coings et retirez le tout du feu jusqu'au lendemain. Vous le remettez sur le feu pour finir de faire cuire les coings. Vous

les mettez dans les pots ou dans un bocal. Laissez achever votre sirop ; il sera
fait, lorsque les dernières gouttes filent
à la cuiller, il ne faut pas qu'il soit bouillant pour le verser sur les coings. Trempez
dans l'eau-de-vie le papier qui couvre
les coings,

## Prunes Reine-Claude à l'Eau-de-Vie.

Il faut les prendre bien vertes et bien
fermes. On coupe les queues à moitié,
on leur donne quelques coups d'aiguille,
et on les jette à mesure dans une bassine
d'eau froide où l'on a mis un peu de
vinaigre. Puis on les met dans un chaudron avec suffisante quantité d'eau, une
pincée de sel et un morceau d'alun gros
comme une noisette. On fait alors au-
dessous un feu de flamme ; à mesure que
les prunes cuisent, elles montent à la
surface. Alors on active le feu en ayant
soin de les retirer quand elles montent
et de les plonger dans un vase d'eau
froide. On fait alors un sirop à raison d'un
kilogramme de sucre par cent prunes.
Quand le sirop est bouillant, on y plonge
les prunes qu'on y laisse une minute environ. On retire le chaudron du feu et on
laisse refroidir le tout jusqu'au lendemain,
On fait cuire le sirop une seconde fois et

et lorsqu'il est bouillant, on le verse sur les prunes et on les laisse encore refroidir. Le lendemain on fait une troisième fois rechire le sirop pour l'achever et lorsqu'il a refroidi seul, on y ajoute la quantité d'eau-de-vie que le goût décidera. On le clarifie comme les autres liqueurs. On peut y ajouter un morceau de vanille.

## Gelée de Groseilles.

Egrappez-les, faites-les cuire afin de pouvoir les couler. Vous pesez autant de livres de sucre que vous avez de livres de jus. Faites cuire votre sirop au cassé que vous connaîtrez en mouillant votre doigt dans un verre plein d'eau, que vous tiendrez d'une main; vous trempez le doigt dans votre sirop que vous remettrez sur le champ dans le verre, et si votre sucre sèche dans l'eau et qu'il casse dans vos doigts en le pressant. c'est une marque qu'il est temps d'y mettre le jus dedans. Laissez-lui faire deux bouillons bien couverts; écumez-le et mettez votre gelée dans les pots. Laissez refroidir complètement et couvrez avec un papier trempé dans de l'eau-de-vie.

## Marmelade de Cerises.

Faites cuire deux livres de sucre avec

deux verres d'eau, faites bouillir et écumez. Continuez de faire bouillir jusqu'à ce que, trempant l'écumoire dedans et la secouant, il en sorte de longues étincelles. Ensuite vous y mettez quatre livres de cerises après en avoir ôté les noyaux et les queues. Remuez-les avec le sucre et les faites bouillir ensemble jusqu'à ce que le sirop se colle dans vos doigts. Otez-la du feu pour la mettre dans les pots.

## Marmelade de Pêches.

Coupez à très petits morceaux six livres de pêches et les mettez à mesure dans un chaudron. Cassez les noyaux et les coupez très fins pour les mettre aussi avec les pêches. Mettez-y quatre livres et demie de sucre pilé. Mettez votre chaudron sur le feu et remuez toujours avec une écumoire de crainte que la marmelade ne s'attache au fond. Lorsque les pêches sont avancées de cuire, vous descendez de temps en temps le chaudron pour écraser les morceaux qui ne se mettent point en marmelade. Faites-la cuire jusqu'à ce qu'elle se colle dans vos doigts sans trop de résistance, en prenant de cette marmelade dans les doigts et les appuyant l'un contre l'autre. Vous la mettez ensuite dans les pots, et attendez qu'elle soit froide pour la couvrir.

## Pêches à l'Eau-de-Vie.

Il faut avoir du fruit bien conditionné et sans tache. Faites blanchir vos pêches dans l'eau bouillante et laissez-les ramollir un peu. Faites-les égoutter sur un linge. Faites votre sirop avec une tasse d'eau par livre de sucre et livre de fruit. Quand le sirop est à moitié fait, mettez-y vos pêches pour leur donner un bouillon. Retirez-les du feu et mettez le tout dans une terrine jusqu'au lendemain. Faites-les ensuite rebouillir pour qu'elles soient un peu molles. On achève le sirop qu'il faut bien laisser cuire à petit feu. On arrange les pêches dans un bocal et on met presque autant d'eau-de-vie que de sirop, suivant le goût. On les bouche toutes chaudes. Visitez-les souvent pour ajouter de l'eau-de-vie si elles ne sont pas couvertes.

## Guines entières au Sirop.

Faites donner un bouillon à vos guines et les mettez à égoutter. Prenez de la même eau autant de tasses qu'il y a de livres de fruit et de sucre, pour faire votre sirop. Lorsqu'il est fait, versez-le sur les guines et laissez-le jusqu'au lendemain. Faites-le ensuite rechauffer, et lorsque vous aurez arrangé les guines dans les pots, couvrez-les avec le sirop.

## Pastèques.

Vous coupez les pastèques à petits morceaux et les mettez dans l'eau froide. Faites-les bouillir et mettez-les à égoutter sur un linge. Vous les piquez ensuite avec des filets d'écorce de citron. Il faut autant de sucre que de fruit. Mettez les pastèques à tremper trois ou quatre heures dans du rhum. On met demi-tasse d'eau par livre de sucre et on fait cuire tout ensemble. Lorsque le fruit est cuit, ôtez-le et laisser achever le sirop. Le rhum peut servir une seconde fois.

## Eau-de-Noix.

Prenez huit noix vertes par litres d'eau-de-vie ; écrasez-les et mettez-les dans un bocal, avec l'eau-de-vie, pendant un mois et remuez le bocal tous les jours. Coulez ensuite cela dans un linge bien serré, exprimez-le bien. Remettez-le dans le bocal avec un quart de sucre par litre, trois clous de girofle, quelques zestes de citron et un morceau de cannelle. Laissez-le infuser quinze jours, ayant le soin de remuer tous les jours. Clarifiez ensuite de la manière suivante :

## Manière de clarifier les liqueurs.

Il faut avoir une poche pointue en flanelle que vous suspendez à deux chaises avec deux bâtons. Vous prenez deux ou trois feuilles de papier de trace que vous mettez dans l'eau et que vous déchirez à petits morceaux comme de la charpie, vous le lavez bien à deux eaux et l'exprimez dans un linge. Vous mettez ce papier dans la liqueur. Vous placez un vase sous la manche de flanelle et vous y jetez la liqueur dedans avec le papier que vous y avez délayé. Elle coulera très vite et le papier restera collé à la manche. On la recoule ensuite en tenant un entonnoir au-dessus de la manche et en la versant peu à peu. Elle coulera comme de l'huile et bien claire. Vous la mettez dans des bouteilles bien propres et égouttées depuis deux jours pour que la liqueur ne se trouble pas.

## Ratafia de Noyaux.

Vous mettez tout uniment dans de l'eau-de-vie des noyaux d'abricots concassés, en ayant soin d'en extraire les amandes. Vous pouvez en faire la quantité que vous voulez en mettant une livre de sucre par litre d'eau-de-vie. Quand il a infusé deux mois, vous le tirez au clair et y mettez votre sirop.

Il est essentiel pour toutes les liqueurs de faire toujours du sirop ; mettre le sucre dans l'eau-de-vie n'est pas aussi bien, le sirop leur donne cet huileux qui les rend agréables. Avec du sucre tout uniment elles sont sèches.

## Huile d'Anis.

L'huile d'anis est très simple à faire. Vous prenez pour un litre d'eau-de-vie un quart de graines d'anis que vous jetez dans votre sirop; puis vous le mettez dans l'eau-de-vie. Cette liqueur a le goût aussi agréable que l'anisette.

## Kirsch-Wasser de Ménage.

Vous prenez des noyaux de cerises que vous concassez et les jetez avec les amandes dans l'eau-de-vie. Vous les y laissez infuser jusqu'au temps où vous pourrez y ajouter des noyaux d'abricots *sans amandes*. Vous les laissez encore infuser deux mois; puis vous les filtrez. Cette espèce de kirsch-waser qui a le même goût que celui qu'on achète fort cher, a la même propriété pour l'estomac. En le distillant, vous le rendez limpide comme le kirsch-waser ordinaire.

## Liqueur d'Orange.

Coupez à petits morceaux la peau de six oranges et mettez-la à infuser dans un litre d'eau-de-vie pendant un mois, avec trois clous de girofle. Coulez-la et mettez-y un quart de sucre. Quand il est fondu, vous pouvez clarifier comme ci-dessus. Le cédrat se fait de même.

## Ratafia de Noyaux de Pêches.

Ayez un bocal de verre, garni d'un bon bouchon de liége. Remplissez le vase aux deux tiers d'eau-de-vie, l'autre tiers est pour les noyaux. Jetez-les au fur et à mesure dans l'eau-de-vie; le vase plein, bouchez-le et laissez infuser dans une chambre haute. Au bout d'un an videz votre liqueur, mesurez-la, ajoutez autant de tasses d'eau que vous avez de litres d'infusion et autant de trois-quarts de sucre fondu. Vous clarifiez la liqueur et vous avez un excellent ratafia sentant parfaitement la vanille.

## Ratafia de Cerises.

Prenez de bonnes cerises bien mûres, ôtez-en les queues et les noyaux, mettez-les avec un peu de framboise ; écrasez le tout ensemble et le mettez dans une cruche pour l'y laisser quatre ou cinq jours. Vous aurez soin de remuer le marc deux ou trois fois pour lui faire prendre du goût et une belle couleur ; alors vous presserez bien le marc pour en tirer tout le jus. Il faut ensuite mesurer le jus et sur trois litres de jus, mettre trois litres d'eau-de-vie; pour cinq litres de ratafia, il faut concasser trois poignées de noyaux des mêmes cerises, un quart de sucre par litre. Mettez le tout à infuser dans la même cruche avec une poignée de coriandre et un peu de cannelle. Il faut le remuer tous les jours pendant sept à huit jours, après quoi vous le clarifiez et mettez en bouteilles.

## Ratafia Économique.

Choisissez de bons raisins rouges. Mettez-en jusqu'aux trois-quarts d'un vase quelconque, après les avoir égrapés, c'est-à-dire que le quart du vase reste vide ; remplissez-le ensuite d'eau-de-vie, bouchez-le bien et le laissez infuser quinze jours. Après cette époque, versez l'eau-de-vie et les grains de raisins dans une terrine ; écrasez les grains, pressez le tout dans un drap serré, exprimez bien. Remettez la liqueur dans un bocal bien bouché ; ajoutez un peu de cannelle et des noyaux de pêches avec leurs amandes bien écrasées. Laissez infuser pendant quinze autres jours et vous la clarifiez. Plus elle est vieille, meilleure elle est.

## Sirop d'Orgeat.

Pelez demi-livre d'amandes douces avec

quelques amères, en ayant soin d'ajouter
de temps en temps un peu de sucre pour
qu'elles ne tournent pas. Lorsque c'est
pilé, mettez le reste de votre livre de sucre
avec une tasse d'eau, dans les amandes
pilées et un peu d'eau de fleur d'oranger.
Coulez dans un linge; et faites en tournant
comme la crême.

## Pate d'Amandes pour faire de l'Orgeat.

Prenez une livre d'amandes douces que
vous faites tremper dans l'eau chaude pour
les peler. Pelez-les dans un mortier, en y
mettant de temps en temps un peu d'eau
pour qu'elles ne tournent pas en huile.
Quand elles seront bien pilées, vous y
mettez une demi-livre de sucre aussi pilé.
Vous ferez une pâte du tout pour vous en
servir quand vous jugerez à propos.

Cette pâte se garde six mois et près
d'un an.

Quand vous voudrez vous en servir,
vous en prendrez un morceau gros comme
un œuf, que vous délayez dans trois tasses d'eau et que vous passerez dans une
serviette.

## Eau de Cologne.

3 gros essence de bergamote, — 2 1/2
Id. cédrat. — 1/2 Id. lavande. — 1 1/2 Id.

citron. — 1/2 ld. romarin. — 1/2 ld. oranger. — 7 gouttes néroli. — 2 ld. musc.— 2 ld. cannelle. — 2 ld. girofle.—Une once eau de mélisse. Le tout dans un litre d'alcool 5/6. — Coût : 4 fr. 25 cent.

## Cirage.

Demi-livre mélasse, demi-livre noir d'ivoire, 5 c. vitriol, 5 c. gomme arabique, la gomme et le vitriol en poudre. Détrempez le noir d'ivoire peu à peu avec la mélasse et mêlez-y le reste.

## Encre.

Gomme arabique, noix de galle, couperose, cassonnade, une once de chaque chose; le tout pulvérisé et mis dans un litre d'eau pendant quinze jours en remuant tous les deux ou trois jours avec un petit bâton. Cette encre revient 50 c. le litre.

## Pommade contre la chûte des Cheveux.

125 grammes de moëlle de bœuf, la couper par petits morceaux et la faire fondre au bain-marie, la passer ensuite dans une mousseline claire, un peu forte. Pendant que la moëlle est sur le feu, on met dans un petit vase deux cuillerées d'huile

d'amandes douces (l'hiver on en met trois ou quatre), une cuillerée de rhum et une cuillerée à café d'essence de citron, une once quinquina rouge en poudre, de rose ou de jasmin. On bat ces trois choses un quart de minute, puis on verse ce mélange dans la moëlle qui doit être chaude ; on bat le tout ensemble encore un quart de minute et on verse dans les pots.

### Pommade ordinaire.

Prenez une livre de saindoux de cochon, mettez-le dans un pot, couvrez-le d'eau et laissez bouillir jusqu'au soir. Le lendemain, vous tirez cette graisse de l'eau et la mettez à fondre sur le fourneau, au bain-marie; quand elle est fondue, vous la coulez sans la presser et la remettez encore sur le feu pour y mettre un parfum de vanille, de rose ou de jasmin, pendant qu'elle est chaude. Vous y mettez un peu de cire, la valeur à peu près d'un coquetier, puis vous la mettez dans les pots.

### Recette pour coller la Porcelaine.

Prenez un demi-litre de lait et un demi-litre de vinaigre, mêlez le tout ; laissez le lait se cailler et jetez-en aussitôt toutes les parties solides. Déposez le liquide restant dans un vase et jetez-y cinq blancs d'œufs que vous fouettez dans ce même liquide. Cela fait, placez sur le vase un tamis fin, chargé de chaux vive, réduite en poussière très fine; agitez votre tamis, la poudre de chaux tombera dans le liquide que vous remuerez jusqu'à ce qu'il ait assez absorbé de chaux pour prendre la consistance de pâte. Ce mastic, ainsi préparé, est excellent pour raccommoder la porcelaine, la faïence, l'albâtre et le mabre; il résiste très bien à l'action du feu et de l'eau chaude.

## Manière de repasser le Velours.

Lorsque le velours se trouve froissé et son poil couché, on recouvre un fer chaud à repasser d'un linge mouillé et on étend le velours à l'envers sur ce linge. Le velours, ainsi posé, on relève le poil avec une brosse très douce. L'humidité qui se dégage du linge et qui pénètre doucement l'étoffe, rend le succès assuré. Il faut que le linge soit toujours humide.

## Manière de conserver le Lait.

Mettez du lait frais dans une bouteille bien bouchée et plongez-la dans l'eau bouillante pendant un quart-d'heure. Il peut se conserver de cette manière plusieurs années. C'est un procédé généralement adopté en Angleterre et à peine connu en France où il a été inventé.

## Manière d'empêcher le Lait d'aigrir.

Mettez une cuillerée de raifort sauvage dans une terrine de lait; ce lait conservera sa douceur pendant plusieurs jours, soit qu'il reste exposé à l'air, soit qu'on le tienne dans un cellier; tandis que celui qui n'aura pas subi cette préparation deviendra aigre.

## Préparation de la Moutarde ordinaire.

Pour cinq litres de graines de moutarde de première qualité, prenez cinq litres de bon vinaigre blanc ordinaire, dans lequel vous ferez infuser la graine huit jours environ, en agitant le mélange deux fois par jour et ajoutant du vinaigre de manière à ce que les graines soient toujours humectées. Broyez ensuite au moulin, délayez avec le vinaigre en une bouillie claire et mettez dans les pots.

## Manière de conserver la sauce aux Tomates.

Mettez vos tomates dans un chaudron et faites-les cuire sans eau. Lorsqu'elles sont en marmelade, vous les passez dans une passoire assez fine pour que la graine ne passe pas. Vous la mettez ensuite dans des demi-bouteilles avec un travers de doigt d'huile par-dessus. Bouchez-les bien et ficellez comme du vin de Champagne. Vous mettez ensuite les bouteilles à bouillir dans un chaudron d'eau et les rangez dans une armoire.

## Pour conserver les Pommes, Raisins et Œufs.

Il faut mettre les pommes dans une barrique ou coffre, une couche de sable, une couche de pommes, ainsi de suite. Pour les raisins, une couche de son, etc. Pour les œufs, une couche de cendre, une couche d'œufs.

## Farine de Seigle.

Passez-la bien fin, mettez-la dans un pot neuf où, après l'avoir pressée, il faut la couvrir de son mouillé, d'un pouce d'épaisseur ; ensuite on met le pot au four au moment où l'on y met le pain et on l'y laissé jusqu'au lendemain. Quand on le retire du four, on en tire la couche de farine qui pourrait être un peu trop cuite ; il faut qu'elle soit jaune et pas trop rousse, et pour la conserver, il faut la tenir dans un lieu sec. Cette farine sert à faire des soupes rafraîchissantes ; on la délaye dans du bouillon ou dans du lait, comme on fait pour la semoule.

## Manière d'ôter le mauvais goût aux viandes Passées.

Mettez la viande dans l'eau bouillante après l'avoir bien lavée ; lorsqu'elle est prête à écumer, prenez un ou deux gros charbons bien solides, allumez-les, et lorsqu'ils sont embrasés de toute part, jetez-les dans l'eau bouillante où est la viande. Dès que les charbons sont éteints, retirez-les et ôtez la viande pour vous en servir. En jetant du charbon ardent dans du bouillon qui commence à passer dans l'instant où il est de nouveau en ébullition, on obtient le même résultat.

## Recette pour préparer les Cornichons.

Choisissez les plus petits, mettez-les à tremper dans l'eau froide pendant un jour ;

essuyez-les dans un linge et coupez-leur les deux bouts afin qu'ils prennent mieux le vinaigre. Il faut les faire tremper un mois dans de bon vinaigre ; on les ôte ensuite et on fait bouillir encore le vinaigre ; on le verse bouillant sur les mêmes cornichons et on bouche bien exactement le vase ; on répète cette opération trois fois. Avant de jeter le vinaigre bouillant sur les cornichons pour la dernière fois, on met dans le vase une bonne quantité d'estragon, de très petits oignons, un peu de sel et poivre, on jette le vinaigre bouillant sur le tout et on bouche bien le vase jusqu'à ce que l'on veuille s'en servir.

## Manière d'ôter aux Tonneaux le goût de moisi.

La vapeur du chlore ou les solutions du chlorure de chaux, de soude ou de potasse, ont la propriété de les désinfecter entièrement, ainsi que la chaux vive. A cet effet, on peut prendre 1 kilog. de chaux dans 25 litres d'eau, que l'on bat bien dans la barrique ; il faut avoir soin de rincer et de mécher avant d'y mettre le vin.

## Manière d'ôter le goût aigre aux Barriques.

On emplit la barrique au quart environ;

on fait rougir des cailloux que l'on jette dedans et qu'on remue fortement ; on répète cette opération suivant le besoin. Il vaudrait mieux les laver avec une solution de potasse.

## Moyen d'ôter le goût du moisi au Vin.

On soutire le vin dans un beau temps ; il faut surtout que les vents soient nord ; on le met dans une barrique fraîchement vide et de bon goût ; on fait brûler une mèche dedans ; on y jette de bonne lie nouvelle et 60 grammes de noyaux de pêches pilés ; on a soin de remuer la barrique tous les jours, afin qu'il ne puisse reposer ; au bout de quinze jours, on le laisse clarifier, et on le soutire dans une bonne barrique que l'on mèche auparavant.

## Moyen de corriger le Vin aigri.

On fait bouillir un picotin d'orge dans quatre litres d'eau, et on le réduit à moitié ; on passe à travers un linge et on le met dans la barrique de vin ; on fouette. Seulement on a soin de le soutirer auparavant s'il était sur la lie. Au bout de quinze jours, par un beau temps, on le soutire ; il est bon de le couper avec d'autre vin plus fort en esprit, afin qu'il ne retourne plus à l'aigre ; il faut l'employer le plus tôt possible, car il n'est pas de remède pour le guérir parfaitement. Il serait préférable d'en faire du vinaigre.

## Moyen d'adoucir un vin Vert.

On y met par barrique deux kilog. de miel que l'on a fait fondre dans du vin, en y ajoutant du tartre en poudre : on colle ensuite avec le jaune, blanc et coquille d'œufs. On laisse reposer cinq à six jours, et on soutire.

## Moyen d'ôter le goût de fût au Vin.

On tire au clair et par un temps sec le vin fûté ; on le met avec de la lie fraîche dans une autre barrique de bon goût ; on couvre la bonde de la mie d'un pain chaud sortant du four, où on a mis des clous de girofle et de la cannelle ; on la laisse ainsi cinq heures ; au bout de ce temps, on le fouette, et on le met en bouteilles quand il est clair.

## Moyen d'arrêter la pousse du Vin.

Il est plusieurs manières d'arrêter la pousse du vin : les uns soutirent le vin dans

des barriques fortement imprégnées d'acide sulfureux au moyen de plusieurs mè-
ches soufrées ; les autres ajoutent un mil-
lième de sulfate de chaux au vin , il
paraît que l'on réussit encore en mettant
250 grammes de semence de moutarde.

## Vin passé à l'Amer.

Le meilleur moyen de remédier à ce défaut consiste à mélanger avec ce vin autant de vin analogue, qu'on doit mècher
et tirer à clair.

## Remède contre le Vin tourné.

On colle le vin avec le jaune, blanc et
coquille d'œufs fouettés; mais, s'il est vert,
on bat bien les œufs et on y met une poignée de sel pour le rendre plus sec, avec
125 grammes de noir animal et 62 grammes d'acide tartrique pulvérisé ; on le fouette bien, et on ajoute un litre d'eau-de-vie
ou d'essence de Médoc, si le vin en vaut
la peine.

## Manière d'arrêter le coulage des Futailles.

Pour arrêter le coulage des futailles, il
suffit de frotter violemment avec une poignée d'orties, l'endroit d'où s'échappe le

liquide ; l'ortie agit sur les parties humides, son suc se coagule par la friction sur le bois et ferme imperméablement les nœuds vicieux et les ouvertures accidentelles des douves.

On emploie encore pour empêcher le vin de filtrer à travers les fissures où les jours qui se trouvent entre les douves des tonneaux, du blanc d'Espagne pétri avec du suif, et incrusté de force entre les fentes.

## Manière d'ôter les taches de Graisse.

On met un peu de jaune d'œuf sur la tache, on prend ensuite un linge blanc que l'on applique dessus et on humecte ce linge avec de l'eau bouillante. On frotte le tout ensemble un instant ; on recommence deux ou trois fois, en imbibant chaque fois la serviette d'eau chaude. On ôte le linge et on laisse sécher l'étoffe.

## Pâte pour adoucir les Mains.

Prenez un peu de farine et versez-y dessus un peu d'huile fine pour faire une pâte et un parfum quelconque. On la laisse sécher et on la pile ensuite pour la mettre en poudre.

## Marrons d'Inde pour le Savonnage.

On prend des marrons d'inde qu'on laisse sécher et après en avoir ôté la cosse rouge, on les met en poudre ; on détrempe ensuite cette poudre dans une quantité d'eau suffisante qui devient aussi propre à savonner que l'eau de savon véritable. Cette préparation très simple, rend le linge aussi blanc que le savon et peut être utile aux pauvres et aux gens de la campagne.

## Eau Rouge.

Vous prenez un litre de bonne eau-de-vie et y ajoutez une poignée de fleur de lavande, et vous bouchez hermétiquement. Cette eau est excellente pour les contusions.

## Onguent Divin.

Prenez une demi-livre d'huile d'olives, un quartron de mine de plomb rouge en poudre, bien fine (qui coûte 30 centimes), une once et demie belle cire jaune, mettez le tout dans un pot neuf verni, contenant trois chopines ; faites cuire sur un bon feu en le remuant sans cesse avec une spatule en bois.

Cet onguent guérit toutes sortes de plaies, les brûlures, les coups de soleil, amollit les duretés, détruit les enflures, dissout les matières des plaies, tire les épines pourvu que l'on continue le même onguent sans faire d'autres remèdes, il tire aussi les os qui sont détachés des chairs, empêche la gangrène, guérit toutes sortes de coupures ; il est très bon pour les blessures même de la tête ; il tire les esquilles des os brisés ; pour en mettre sur la tête, il faut couper les cheveux très ras et en mettre tous les jours. Il guérit aussi les plaies des jambes, les pieds de chevaux, quoiqu'il y ait meurtrissure, cet onguent fait également sentir sa vertu à travers le cuir. A la suite d'une chute, quelque part que soit le mal, même au visage et aux yeux, il adoucit de suite et guérit en peu de jours si l'on a le soin de mettre les emplâtres bien larges afin qu'ils environnent l'enflure, on change de deux jours l'un pour renouveler l'onguent ; il faut surtout ne pas se servir ni d'eau-de-vie, ni d'eau de boule, mais de l'onguent seul. Il guérit les maux de doigt, charbon, cloux, piqûres, fussent-elles de fer malpropre ; il peut être employé pour les dartres les plus vives, les corps aux pieds, les engelures quand elles sont ouvertes. Il est bon pour les malades qui seraient écorchés après avoir mis pendant quelques jours des cataplasmes convenables; on met alors de l'onguent jusqu'à parfaite guérison. Pour se servir de cet onguent, on fait des emplâtres sur de la peau de gant plus larges que la plaie. On en change tous les jours; si le mal est considérable, on fait tiédir l'onguent pour l'étendre plus facilement.

# DEUXIÈME PARTIE.

# Recettes Supplémentaires.

## Pot-au-Feu.

Prenez de la viande fraîchement tuée, suivant la quantité de bouillon que vous voulez faire. Ne vous servez pas de veau parce que cette viande blanchit, affadit et atténue le bouillon. Vous mettez votre viande dans le pot avec de l'eau froide que vous faites bouillir pour l'écumer. Ajoutez ensuite carottes, poireaux, navets, céleri, persil et trois clous de girofle. On fait bouillir à petit feu jusqu'à ce que la viande soit cuite; ensuite on roussit le bouillon en mettant dans le pot pendant qu'il bout une cuillerée de caramel.

## Potages de Semoule et Tapioca

Commencez par délayer la semoule ou le tapioca, ce que vous désirez faire, dans un peu de bouillon chaud. Vous versez ensuite le tout dans du bouillon très-chaud que vous continuez de faire cuire à petit feu. Demi-heure suffit pour la cuisson. Quand la semoule et le tapioca sont de bonne qualité, ils renflent beaucoup. Ayez soin de n'en mettre dans votre bouillon qu'une cuillerée pour chaque convive.

## Salmis.

Mettez dans une casserole un peu de graisse que vous faites fondre et dans laquelle vous délayez un peu de farine. Ajoutez-y un demi-verre de bouillon et autant de vin rouge, deux ou trois échalottes entières et un bouquet garni que vous retirerez après demi-heure de cuisson, sel et poivre. Levez les ailes et l'estomac de vos pièces de gibier que vous aurez préalablement fait cuire à la broche, mettez-les dans votre sauce sans les faire bouillir. Si vous l'aimez, ajoutez-y le jus de la moitié d'un citron. Mettez sur un plat des tranches de pain grillées, dressez-y dessus votre gibier sur lequel vous verserez ensuite votre sauce. Servez immédiatement et un peu chaud.

## Foies Gras.

Faites chauffer de la graisse dans une casserole où vous mettez ensuite les foies, que vous faites cuire sur le fourneau à très petit feu, en ayant soin de retirer au fur et à mesure la graisse qu'ils jettent. Sitôt les foies cuits, retirez-les du feu. Prenez ensuite de l'oignon haché un peu d'ail, sel et poivre, que vous faites cuire dans votre graisse en ayant soin d'y ajouter deux cuillerées à café de farine préalablement délayée dans un demi-verre de vin blanc. Sitôt la sauce prête, vous y mettez les foies que vous laissez mijoter pendant demi-heure sur un feu très-doux.

## Pâté de Foie Gras.

Prenez deux beaux foies de canard, salez et épicez; laissez pendant vingt-quatre heures. Hachez deux livres de porc frais gras et maigre, pilez dans un mortier, assaisonnez avec des épices. Mettez au fond de la terrine une couche de hachis épaisse d'un doigt, puis une couche de lard coupée bien mince, enfin le foie recouvert par une seconde couche de lard et une autre de hachis.

Si l'on veut truffer le pâté, il faut hacher quelques truffes que l'on met avec le hachis de porc. On en met aussi dans les foies. Faites cuire dans un four à une chaleur très-modérée.

## Jambon Glacé.

Prenez un petit jambon bien sain, enlevez les bords, le dessous, enfin tout ce qui pourrait être rance. Mettez à dessaler pendant vingt-quatre heures, ayant le soin de changer l'eau de temps en temps.

L'envelopper dans un linge et mettre à cuire pendant cinq heures avec un peu de foin et diverses plantes aromatiques.

Il serait meilleur cuit dans du vin blanc. Quand vous le sortez du feu, désossez-le, mettez-le dans une casserole avec un fort poids dessus pour qu'il prenne la forme. Sortez-le dès qu'il est froid, enlevez la peau avec un couteau et glacez-le.

## Pièce de Bœuf froid roulé aux Truffes.

Prenez un morceau de filet de bœuf. Enlevez la peau et désossez-le. Mettez au sel pendant vingt-quatre heures. Moulez et ficelez fortement, introduisez par chaque bout les truffes que vous jugerez à propos. Foncez une casserole de jambon gras et maigre, mettez votre bœuf dans la casserole, feu dessus et dessous.

N'enlevez la ficelle que lorsque le bœuf sera froid afin qu'il conserve sa forme.

## Galantine de Dinde.

Prenez une jeune dinde. Désossez-la par le croupion sans déchirer la peau. Salez l'intérieur. Prenez quatre livres de porc frais gras et maigre, hachez et pilez. Mettez une couche de hachis sur votre dinde déjà ouverte et préparée sur une table. Mettez dans toute sa longueur des bandes de lard carrées de l'épaisseur d'un doigt. Répétez trois fois la même opération. Moulez votre dinde, donnez-lui la forme voulue et couvrez-la. Enveloppez-la dans un morceau de canevas. Mettez-la à cuire dans une casserole où vous mettrez une vieille poule dépecée et les abattis de votre dinde. Mettez de l'eau de manière à ce que la dinde ne soit pas entièrement couverte et faites cuire. Dès qu'elle est cuite, mettez dans un plat, laissez refroidir et enlevez le canevas. Passez le jus au tamis, remettez-le à bouillir et battez un blanc d'œuf pour le clarifier. Sortez et passez de nouveau au tamis. Versez dans un plat et laissez congeler. Ornez votre galantine.

## Dinde aux Truffes.

Prenez une dinde bien grasse que vous videz avec précaution et flambez. Si en la vidant il vous arrivait de crever l'amer ou les intestins, il faudrait la laver intérieurement. Pelez deux livres de truffes après les avoir bien nettoyées comme il est dit plus haut; hâchez les moins belles et une livre de lard bien gras que vous mettez avec les pelures dans une casserole. Ajoutez-y les truffes entières, sel, poivre, épices; laissez un quart-d'heure sur un feu doux. Retirez vos truffes que vous laissez ensuite refroidir. Mettez-les avec le hachis dans le corps de la dinde, cousez les ouvertures et laissez-la reposer de quatre à cinq jours selon le degré de température. Vous la bardez et la mettez à la broche enveloppée d'un papier bien graissé; deux heures suffisent pour la cuisson. Une fois cuite, enlevez le papier et laissez-la roussir pendant cinq minutes.

### Ragoût de Truffes.

Lavez vos truffes à plusieurs eaux et brossez-les. Pelez-les et puis vous les coupez par tranches. Mettez dans une casserole un bon verre de vin rouge, du jus en quantité et vos truffes qui devront y baigner facilement. Ajoutez-y du sel et un petit morceau de sucre; faites cuire le tout à petit feu. Au moment de servir, il faut lier la sauce avec un peu de fécule.

### Filet de Bœuf.

Prenez un joli filet de bœuf que vous coupez par tranches égales. Laissez-les pendant trois-quarts d'heure dans une casserole où vous aurez fait fondre de la graisse, sel et poivre. Après ce temps, placez la casserole sur un feu vif en ayant soin de retourner de temps à autre les tranches de filet jusqu'à ce qu'elles aient une belle couleur. Sortez-les sur un plat. Reprenez votre casserole mettez-y du jus ou du bouillon où vous délayez une cuillerée de farine. Faites-y cuire des champignons; remettez-y ensuite vos tranches de filet et faites achever de cuire. Si on veut, on pourra mettre dans la sauce un demi-verre de vin de Madère.

## Tête d'Agneau.

Il faut la désosser et la faire cuire dans un petit chaudron avec suffisante quantité d'eau dans laquelle vous aurez mis sel, poivre, persil, poireaux, oignons, laurier et thym. Une fois cuite, vous la retirez de l'eau et la faites égoutter. On peut la manger à l'huile ou à la sauce blanche avec câpres ou cornichons hachés bien menu.

## Langue Fourrée.

Vous ôtez le gros cornet de la langue que vous voulez fourrer et la faites échauder pour lui enlever la première peau. Il faut la laver à l'eau fraîche et la déposer dans une terrine en y ajoutant un litre et demi d'eau, sel, très-peu de salpêtre, thym, laurier, genièvre et basilic. Chargez-la bien et mettez votre terrine dans un endroit frais où vous la laissez de sept à huit jours. Vous la sortez et la laissez égoutter. Après cette opération, fourrez-la dans un boyau et suspendez-la dans la cheminée. On doit la faire cuire comme du jambon et la servir toujours froide.

## Pigeons Rôtis.

On ne saigne jamais les pigeons, il faut les étouffer. Couvrez-les de bardes de lard et de trois à quatre feuilles de vigne. Faites-les cuire à la broche en les arrosant de leur jus. Ils sont ordinairement cuits en demi-heure.

## Pigeons aux Petits-Pois.

Il faut mettre vos pigeons, après leur avoir troussé les pattes en dedans, dans une casserole avec de la graisse et quelques petites tranches de lard. Ajoutez-y les petits-pois, sel, poivre, persil, un bouquet de carottes, poireaux et céleri. Délayez une pincée de farine dans du bouillon; mêlez le tout ensemble et faites cuire à petit feu.

## Saumon à la Genevoise.

Mettez dans une casserole une tranche

de saumon et quelques champignons avec échalotte et persil hâchés bien menu, sel et épices; faites cuire le tout à petit feu.

Prenez une autre casserole dans laquelle vous mettez du beurre et le jus provenant de la cuisson du saumon. Faites réduire lentement. Ajoutez-y deux cuillerées de farine de froment que vous délayez avec soin. Laissez un peu mijoter, versez le tout sur le saumon et servez.

## Sole frite à la Colbert.

Vous faites une ouverture à votre sole le long de l'arête, mais toujours du côté de la peau noire, passez-la ensuite dans la farine et faites-la frire. Une fois cuite, vous enlevez l'arête et mettez-y à la place une sauce à la maître d'hôtel.

## Moules à la Poulette.

Lavez vos moules, râtissez bien leurs coquilles et faites-les égoutter. Il faut les mettre ensuite à sec dans une casserole sur un bon feu où elles ne tarderont pas à s'ouvrir. Otez après une coquille à chacune et dressez-les au fur et à mesure dans un plat. Faites une sauce à part : vous mettez à cet effet de l'huile, une pincée de farine avec un peu de leur eau que vous liez avec trois jaunes d'œufs en y ajoutant du persil haché et un filet de bon vinaigre

## Anguille à la Tartare.

Prenez une belle anguille de rivière, jetez-la quelques minutes sur un feu ardent pour la griller, dépouillez-la en la tenant de la tête à la queue. Il faut aussi l'ébarber avec des ciseaux et la vider. Coupez-lui la tête et le bout de la queue; il faut gentiment l'arrondir et lui fourrer la queue dans le ventre pour lui donner la forme d'une couronne. Prenez une casserole et mettez-y oignons, carottes, ail, laurier, thym, persil, deux clous de girofle, poivre et sel. Mettez-y l'anguille en la couvrant d'un liquide composé moitié de vin blanc et moitié de bouillon; couvrez le tout d'un papier beurré et faites cuire avec feu dessus et dessous; une heure suffira pour la cuisson. On devra l'enlever ensuite avec précaution et la poser sur un plat. Faites un roux blanc que vous mouillez avec la cuisson de l'anguille. Une fois cette sauce réduite, vous y délayez deux jaunes d'œufs; passez le tout au couloir sur l'anguille afin qu'elle en soit bien humectée. Panez-la ensuite plusieurs fois avec des œufs battus et de la mie de pain. Posez-la sur une bonne couche de beurre et arrosez-la aussi de beurre. Il faut lui faire prendre une couleur blonde au four ou sur le gril avec feu dessus. Servez-la sur une sauce tartare.

## Alose au Bleu.

Après l'avoir vidée, écaillée et lavée, vous faites cuire votre alose au bleu. Servez-la avec une mayonnaise (page 45), dans une saucière. On peut aussi la manger à l'huile.

## Alose à l'Oseille.

Faites mariner votre alose avec huile, sel, poivre, persil, thym et laurier. On la met sur le gril et on la fait cuire sur la braise. Il faut avoir soin de la retourner souvent et de l'arroser avec le restant de la marinade. Servez sur une farce d'oseille

## Raie à la Sauce blanche.

Détachez avec soin ses ailes et lavez-la. Vous la mettez dans un chaudron avec suffisante quantité d'eau froide; il faut qu'elle y baigne. Ajoutez sel, poivre, oignons, carottes, persil, laurier, thym, deux clous de girofle et demi verre de bon vinaigre. Couvrez votre chaudron. Retirez-le du feu au moment où l'eau commence à bouillir, en ayant soin de n'en sortir la raie que lorsque vous pourrez y mettre la main sans risquer de vous brûler. Enlevez-lui la peau noire avec la pointe d'un couteau. Quand votre raie sera bien égouttée, vous pourrez la dresser et l'arroser d'une sauce blanche.

## Sardines.

Quand les sardines sont fraîchement pêchées et sans sel, on peut les faire frire. Si elles sont salées, il faut leur enlever l'écaille, les laver avec soin, et puis les passer sur le gril. Faites ensuite une sauce avec un peu de beurre, une pincée de farine un filet de vinaigre, poivre, un grain de sel et deux ou trois cuillerées d'eau. Sitôt que la sauce est bien liée, vous la jetez sur vos sardines.

## Choux-Fleurs.

Épluchez-les attentivement pour en détacher tous les insectes qui auraient pu s'y loger. Lavez-les à plusieurs eaux. Mettez un chaudron sur le feu avec de l'eau, sel, poivre et une pincée de farine. Dès que l'eau est bouillante, plongez-y les choux-fleurs; pincez-les pour savoir s'ils sont cuits, ce qui a lieu lorsqu'ils fléchissent sous les doigts. On les dresse sur un plat les unes à côté des autres afin qu'ils semblent ne former qu'un seul choux-fleur, ce qui produit un très-bon effet. Prenez un bol dans lequel vous mettez vos choux-fleurs la tête en bas; une fois le bol plein, vous le retournez sur votre plat. Si vous voulez les donner en sauce blanche, vous y versez dessus la sauce où, à son défaut, vous faites passer l'huile et le vinaigre aux convives qui les veulent en salade.

### Salsifis.

Après les avoir bien râtissés, on les met dans une terrine avec de l'eau et du vinaigre où on les laisse un petit moment; puis les retirez et les faites cuire dans un chaudron avec suffisante quantité d'eau, sel, poivre et une cuillerée de farine. Une fois cuits, vous pouvez les disposer pour les donner comme vous voulez :

Si vous les voulez frits, il faut les faire mariner avec sel, poivre, vinaigre et les tremper dans une pâte (voyez marinade page 64).

Si vous voulez les servir à la *Maître d'Hôtel*, assaisonnez-les une fois cuits avec du beurre, persil haché fin, sel et poivre.

Si vous les préférez à la *Sauce Blanche*, dressez-les sur un plat dans lequel vous étendez votre sauce et servez.

## Ragoût de Carottes.

Après avoir râtissé vos carottes, vous les lavez et les coupez en filets. Passez-les au feu avec de la graisse, sel, poivre et persil haché avec un peu de jambon ; faites-les cuire sur le fourneau à très-petit feu. Quand elles sont cuites, il est urgent de les lier avec des jaunes d'œufs. Servez.

## Carottes à la Maître-d'Hôtel.

Tournez vos carottes en petits bouchons et mettez-les à cuire avec de l'eau, sel et un peu de beurre. Prenez une casserole dans laquelle vous mettez de la graisse, du persil haché, sel et poivre ; ajoutez-y vos carottes bien égouttées, sautez-les et retirez-les ensuite du feu pour les servir.

## Asperges à la Sauce blanche.

Râtissez vos asperges, lavez-les et coupez-les de même longueur. Faites-les cuire dans l'eau bouillante avec un peu de sel. Il est urgent de les retirer de l'eau un peu croquantes. Servez-les chaudes avec une bonne sauce blanche.

## Sauce Blanche et aux Câpres.

Mettez dans une casserole demi-cuillerée de farine que vous délayez dans un verre d'eau chaude. Mettez le tout sur le feu jusqu'à ce qu'il bouille en ayant soin de tourner toujours dans le même sens avec une cuiller de bois. Ajoutez sel, poivre et un filet de vinaigre. Mettez votre casserole au bord du fourneau et faites bouillir à petit feu. Au moment de servir, prenez un morceau de beurre faites-le fondre et mêlez-le bien avec le reste. Retirez ensuite le tout du feu et servez.

Lorsque cette sauce devra servir pour le poisson, il faudra avoir soin de remplacer le vinaigre par des câpres ou des cornichons hâchés.

## Saucissons de Lyon.

Prenez 1/2 kilog. de viande maigre de porc, 1/2 kilog. de filet de bœuf, débarrassé des parties dures et nerveuses. Hachez aussi fin que possible. Ajoutez 1/2 kilog. de lard coupé en petits morceaux, 125 grammes de sel, 10 grammes de poivre moulu, autant de gros poivre, 2 grammes de poivre en grain et 3/4 d'once de salpêtre en poudre; mêlez le tout et laissez mariner pendant dix-huit heures. Prenez de gros boyaux de cochon bien nettoyés, fourrez-y dedans votre hâchis. Au fur et à mesure que vous les remplissez, foulez-les avec un rouleau pour qu'il n'y reste aucun vide. Arrêtez bien chaque bout et ficelez-les entièrement dans toute leur longueur. Il faut les mettre dans une terrine avec du sel et un peu de salpêtre, les presser avec un objet lourd et les y laisser pendant huit jours. Vous les suspendez ensuite dans la cheminée où, en séchant, ils finissent par devenir blancs. Il faut encore resserrer les liens de ficelle et les barbouiller de lie de vin bouillie avec laurier, sauge et thym. Séchez-les et enveloppez de bon papier. Mettez de la cendre dans une caisse et placez-y vos saucissons. La caisse devra toujours être tenue dans un endroit sec et frais.

### Fromage dit d'Italie.

Hâchez 1 kilog. de foie de cochon ou de veau, 750 gr. de lard, 250 gr. de mie de pain; persil, épices, thym, laurier et ail, le tout hâché à part. Couvrez le fond d'un moule ou, à son défaut, d'une casserole, de bardes minces de lard ou d'une toilette de cochon; couvrez le fond de trois doigts de farce, puis de lardons et vice-versâ jusqu'à ce que votre moule soit entièrement plein. Couvrez le tour de bardes et mettez au four; trois heures suffisent pour la cuisson. Il faut laisser refroidir, puis vous faites chauffer le bord du moule pour en détacher le fromage que vous parez avec de la gelée, du saindoux ou des jaunes d'œufs hâchés bien menu.

## Gelée de Coings.

Choisissez des coings bien mûrs, vous les pelez et les coupez en tranches, ôtez les pépins. Faites-les cuire dans une eau bouillante où ils doivent surnager facilement. Lorsqu'ils seront très-amollis, il faudra les retirer et les poser dans un tamis dessous lequel vous mettrez une grande terrine où tombera l'eau provenant de la cuisson. Pesez-le jus et mettez-y autant de livres de sucre qu'il y en aura de livres. Sitôt pesé, mettez vos coings dans la terrine sans les écraser ; remettez le tout dans une casserole et laissez cuire jusqu'à ce que la gelée se prenne sur une assiette et fasse corps en coulant.

## Gelée de Framboises.

Écrasez les frambroises et passez-les au travers d'un linge humide en pressant fortement pour en exprimer le jus. Mettez-le ensuite dans la bassine avec 375 gr. de sucre par 500 gr. de jus. Faites cuire le tout pendant vingt minutes et veillez à ce qu'il ne noircisse pas. Retirez votre bassine, passez votre jus à la chausse et mettez dans les pots. Il ne faut toucher la chausse que toute la gelée ne soit passée.

## Compote de Framboises.

Prenez six livres de belles framboises et trois livres de sucre. Épluchez bien vos framboises; clarifiez le sucre et faites-le cuire au petit feu boulé. Retirez la bassine, jetez-y les framboises et remuez-les en faisant tourner la bassine. Sortez-les un moment et remettez-les encore sur le feu pour leur donner un bouillon couvert. Vous les retirez pour les laisser refroidir et mettez-les ensuite dans des compotiers.

## Fruits Confits.

### Manière de les faire cuire.

Employez un vase de cuivre non étamé. Ceux qui n'ont pas de bassines, peuvent se servir d'un chaudron, car il s'en trouve dans tous les ménages; fourbissez-le avec soin. Ayez votre feu toujours très-actif et remuez continuellement afin que le vert-de-gris ne se forme pas. Sitôt que l'écume se montre, enlevez-la avec soin. Quant c'est cuit, il faut verser dans les pots et les remplir entièrement. Mettez sur vos pots un papier imbibé d'eau-de-vie. Ce papier devra être changé fréquemment pour éviter la moisissure qui se mettrait sur vos pots. Tenez vos confitures dans un endroit sec et examinez-les de temps en temps; si vous aperceviez la moindre fermentation, il faudrait les faire recuire, sans quoi elles se gâteraient et il vous serait, par conséquent, impossible de les manger.

## Compote d'Abricots.

Choisissez des abricots d'un beau jaune et encore fermes ; vous les coupez par moitié et les tournez. Il faut leur enlever la peau. Mettez-les dans une bassine sur le feu avec suffisante quantité d'eau; lorsqu'ils montent, vous les mettez dans de l'eau fraîche, d'où vous les retirez pour les faire égoutter. Prenez du sucre clarifié à la nappe, ajoutez-y un peu d'eau et mettez-le sur le feu; lorsqu'il bout, vous le retirez et y versez les abricots. Vous couvrez un peu le feu avec des cendres et faites frissonner les abricots un moment. Lorsqu'ils sont froids, vous les retirez et les laissez égoutter. Placez-les ensuite dans les compotiers. Vous faites revenir le sucre clarifié à la nappe, vous l'écumez et lorsqu'il est refroidi, vous le versez sur les abricots.

## Conservation des Fruits.

Les fruits mûrissent au contact de l'air,

de la chaleur et de la lumière, en les privant de ces divers agents, on sera donc assuré de retarder leur mâturité. Le fruitier devra toujours être placé à l'abri de la gelée. Toutes les ouvertures de l'appartement dans lequel il se trouvera devront être soigneusement calfeutrées. La porte même ne devra jamais rester ouverte. Disposez vos fruits de manière à ce qu'ils ne se touchent pas. Enlevez toujours ceux qui pourraient commencer à se gâter. Privez autant que possible vos fruits d'air et mettez même dans des poches bien fermées les plus beaux et suspendez-les au plancher. Les raisins se conservent par le même procédé en les suspendant la queue en bas. Si vous avez une cave bien sèche, je vous conseille d'y établir votre fruitier et vous vous en trouverez bien.

**FIN**

# Table des Matières.

| | |
|---|---|
| Préface de l'Éditeur | 3. |
| Potage à l'Italienne. | 7. |
| — à la Condé. | Id. |
| — d'herbes à la casserole. | 8. |
| — à la Citrouille. | Id. |
| Cervelle de Bœuf. | 9. |
| Langue de Bœuf. | Id. |
| Gras-Doubles. | 10. |
| Bœuf à la Mode. | Id. |
| Bifteck. | 11. |
| Filet levé Mariné. | Id. |
| Côtelettes de veau en Papillotes. | Id. |
| Veau à l'oiseau. | 12. |
| Pieds de Veau. | Id. |
| Tête de Veau. | 13. |
| Fricandeau à l'Oseille | Id. |
| Mouton à la Sauce Piquante. | 14. |
| Gigot à la Braise. | Id. |
| Hâchis de Mouton. | Id. |
| Poitrine de Mouton. | 15. |
| Queues de Mouton. | Id. |
| Ventre d'Agneau. | 16. |
| Côtelettes d'Agneau au Gratin. | Id. |
| Côtelettes d'Agneau frites. | Id. |
| Jambon Glacé. | Id. |
| Pieds de Cochon. | 17. |
| Foie de Cochon. | Id. |
| Saucisses. | 18. |
| Boudins. | Id. |
| Canard au Jus. | 19. |
| Canard aux Olives. | Id. |
| Canard Sauvage. | 20. |
| Poule au Riz. | Id. |
| Poulet à l'Estragon. | 21. |
| Fricassée de Poulet. | Id. |
| Fricassée de Poulet aux Petits Pois. | Id. |
| Poulet à la Crapaudine | 22. |
| Cochevis en Caisse. | Id. |
| Perdrix aux Choux. | Id. |
| Bécasse en Salmis. | 23. |
| Rôties de Palombes. | Id. |
| Civet de Lièvre. | 24. |
| Pâté de Lièvre. | Id. |
| Pâté à la Lanterne. | 25. |
| Dinde aux Olives. | Id. |
| Dinde Glacée ou Gal^{ne}. | Id. |
| Ailes de Dinde au Jus. | 26. |
| Croquettes de Poulet. | 27. |
| Croquettes de Pommes de terre. | Id. |
| Id. Id. | 28. |
| Id. de Morue. | Id. |
| Morue à la Crème. | Id. |
| — au Gratin. | Id. |
| — à la Bayonnaise | 29. |
| — en Sauce. | Id. |
| — à la Provençale | 30. |
| Anguilles au Jus. | Id. |
| — en Sauce. | 31. |
| Lamproie. | Id. |
| Muges farcis. | 32. |
| Anchois. | Id. |

| | | | |
|---|---|---|---|
| Rôties d'Anchois. | 33. | Mayonnaise. | 45. |
| Écrevisses. | Id. | Sauce piquante pour | |
| Chou à l'Anglaise. | Id. | un Filet levé. | 46. |
| Épinards au Lait. | 34. | Sauce pour le Bœuf. | Id. |
| Purée à l'Oignon. | 35. | — au Beurre. | Id. |
| Petits Oignons. | Id. | — à la Remoulade. | 47. |
| Oseille. | Id. | — aux Tomates. | Id. |
| Fèves de Marais. | Id. | — au Limon. | Id. |
| Artichauts farcis. | 36. | Crème Jaune au Café. | 48. |
| Petits-Pois. | Id. | — au Café. | Id. |
| Purée. | 37. | — à la Vanille. | Id. |
| Haricots verts. | Id. | — à la Neige. | 49. |
| Carottes farcies. | Id. | — Frite. | Id. |
| Pommes de terre au | | Petits Pots au Café. | Id. |
| hachis. | 38. | Blanc-Manger. | 50. |
| Entrée de Pommes de | | Crème au Caramel. | Id. |
| terre. | Id. | — Fouettée. | 51. |
| Gâteau de Pommes de | | — Blanche. | Id. |
| terre. | 39. | — au Chocolat. | Id. |
| Carottes. | Id. | Escoton au Lait. | 52. |
| Céleri au Jus. | Id. | Pain au Riz. | Id. |
| — en Marinade. | Id. | Tête de Riz. | Id. |
| Lentilles. | 40. | Riz au Lait. | 53. |
| Potirons. | Id. | Rôties au Lait. | Id. |
| Œufs au Miroir. | Id. | Montagne Russe. | Id. |
| — au Jus. | 41. | Coque au Café. | 54. |
| — au Lait. | Id. | Gâteau de Savoie. | Id. |
| — Farcis. | Id. | Tarte à la Compote. | 55. |
| Omelette au Rhum. | 42. | Nouga. | 56. |
| — Soufflée. | Id. | Baignets. | 57. |
| Œufs farcis à l'Espag<sup>le</sup> | 43. | Meringues. | Id. |
| — à la Tripe. | Id. | Colinette. | 58. |
| — aux Tomates. | Id. | Gâteau aux Amandes. | 59. |
| Sauce Piquante. | 44. | — des Rois. | Id. |
| Sauce douce pour le | | — d'amandes promp- | |
| Lièvre. | Id. | tement fait. | 60. |
| Jus. | Id. | Tablettes. | Id. |
| Sauce pour les émincés | | Gâteau à la Gelée de | |
| de Mouton. | 45. | Groseille. | 61. |

| | | | |
|---|---|---|---|
| Biscuits d'Amandes. | 61. | Sirop d'Orgeat. | 79. |
| Macarons. | Id. | Pâte d'Amandes pour | |
| Semelles. | 62. | faire de l'Orgeat. | 80. |
| Macarons au Chocolat. | Id. | Eau de Cologne. | Id. |
| Charlotte. | Id. | Cirage. — Encre. | 81. |
| Millas. | 63. | Pommade contre la chu- | |
| Rissoles. | Id. | te des Cheveux, | Id. |
| Marinade. | 64. | Pommade ordinaire. | 82. |
| Crêpes. | Id. | Recette pour coller la | |
| Gâteau à la Janin. | 65. | Porcelaine. | Id. |
| Macaroni. | 66. | Manière de repasser le | |
| Pralines. | Id. | Velours, | 83. |
| Biscuit du Palais-Royal | 67. | Manière de cons. le lait | Id. |
| — Royal. | Id. | Manière d'empêcher le | |
| — à la Crême. | Id. | Lait d'aigrir. | 84. |
| Merveilles. | 68. | Préparation de la Mou- | |
| Pâté à la Béarnaise. | Id. | tarde ordinaire. | Id. |
| Pâté. | 69. | Manière de conserver la | |
| Noix Confites. | Id. | sauce aux Tomates. | 85. |
| Confiture de Coings. | 70. | Pour cons. les pommes | |
| Prunes Reine-Claude | | raisins et œufs. | Id. |
| à l'eau-de-vie. | 71. | Farine de Seigle. | Id. |
| Gelée de Groseilles. | 72. | Manière d'ôter le mau- | |
| Marmelade de Cerises. | Id. | vais goût aux viandes | |
| — de Pêches. | 73. | passées. | 86. |
| Pêches à l'eau-de-vie. | 74. | Recette pour préparer | |
| Guines ent. au Sirop. | Id. | les Cornichons. | Id. |
| Pastèques. | 75. | Ma. d'ôter aux Tonneaux | |
| Eau-de-Noix. | Id. | le goût de moisi, | 87. |
| Manière de clarifier les | | Man. d'ôter le goût ai- | |
| Liqueurs. | Id. | gre aux Barriques. | Id. |
| Ratafia de Noyaux. | 76. | Manière d'ôter le goût | |
| Huile d'Anis. | 77. | du moisi au Vin. | 88. |
| Kirsch-Wasser. | Id. | Moyen de corriger le | |
| Liqueur d'Orange. | Id. | Vin aigri. | Id. |
| Ratafia de Noyaux de | | Moyen d'adoucir un vin | |
| Pêches. | 78. | Vert. | 89. |
| Ratafia de Cerises. | Id. | Moyen d'ôter le goût de | |
| — Economique. | 79. | fût au Vin. | Id. |

Moyen d'arrêter la pousse du Vin. Id.
Vin passé à l'Amer. 90.
Remède contre le Vin tourné. Id.
Man. d'arrêter le coulage des Futailles. Id.

Man. d'ôter les tâches de Graisse. 91.
Pâte pour adoucir les mains. Id.
Marrons d'inde pour le Savonnage. 92.
Eau Rouge. Id.
Onguent Divin. Id.

## Deuxième Partie.

# RECETTES SUPPLÉMENTAIRES

Pot-au-Feu. 95.
Potages de Semoule et Tapioca. Id.
Salmis. 96.
Foies Gras. Id.
Pâté de Foie Gras. 97.
Jambon glacé. Id.
Pièce de Bœuf froid roulé aux Truffes. 98.
Galantine de Dinde. Id.
Dinde aux Truffes. 99.
Ragoût de Truffes. 100.
Filet de Bœuf. Id.
Tête d'Agneau. 101.
Langue Fourrée. Id.
Pigeons rôtis. 102.
— aux petits-pois. Id.
Saumon à la Genevse. Id.
Sole frite à la Colbert 103.
Moules à la Poulette. Id.
Anguille à la Tartare. 104.

Alose au Bleu. 105.
— à l'Oseille. Id.
Raie à la Sauce blche. Id.
Sardines. 106.
Choux-Fleurs. Id.
Salsifis. 107.
Ragoût de Carottes. 108.
Carottes à Maître-d'Hel Id.
Asperges à la Sauce Blanche. Id.
Sauce Blanche et aux Câpres. Id.
Saucissons de Lyon. 109.
Fromage dit d'Italie. 110.
Gelée de Coings. 111.
— de Framboises. Id.
Compote de Frambses 112.
Fruits Confits. Id.
Compote d'Abricots. 113.
Conservon des Fruits. Id.

*Fin de la Table des Matières.*

DAX. — Imprimerie de MARCEL HERBET.

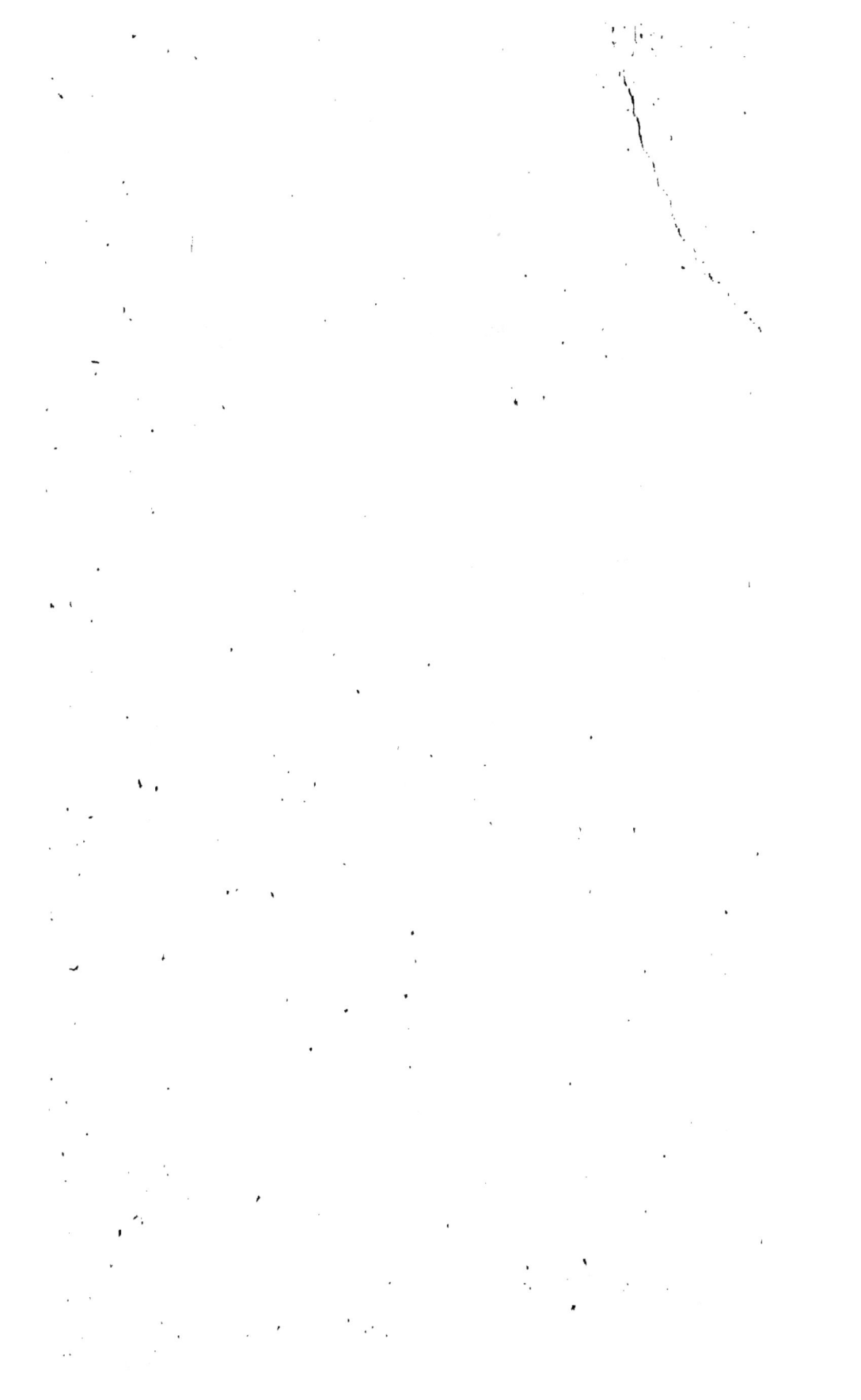

# AVIS.

M. MARCEL HERBET, Imprimeur à Dax, se chargera, comme par le passé, de tous les ouvrages qu'on voudra bien lui confier, tels que : Lettres de faire part de Mariage et de Décès, Cartes de Visite, Circulaires, Factures, Entêtes de Lettres de tous formats, Lettres de Convocation pour les Conseils Municipaux, Registres à Souche à l'usage des Fabricants de Matières Résineuses et Marchands de Planches, Programmes de Fêtes, Règlements de Sociétés de secours mutuels, Chemises de Dossiers et Répertoires sur timbre à l'usage des Notaires, &, &.

On trouvera chez lui toutes les fournitures de bureau nécessaires aux diverses administrations et à tous les services, plumes et porte-plumes assortis, crayons noirs et de couleur, carrelets, pains et cire à cacheter, gomme élastique, colle à bouche, encre brevetée, encre de Chine, couleurs assorties, godets, sébilles, poudre à sécher, sandaraque, encriers portatifs, portefeuilles et carnets, calepins, carnets d'attachement, sous-mains, registres pour grand-livre et journal, répertoires, copies de lettres, règles, plioirs, &, &.

M. MARCEL HERBET tient également un assortiment complet de papiers de tous formats, en rouleau, en rame, en mains, depuis le plus petit format jusqu'au plus grand, ainsi que de carton blanc et de couleur de toutes les forces et pour tous les usages.

Il vient aussi de joindre à son Imprimerie un *Atelier de Reliure* des plus complets, dont la direction a été confiée à un des meilleurs ouvriers de la capitale, dont le travail, consistant en *Reliure, Dorure, Cartonnage et Encadrements*, ne laisse rien à désirer sous le rapport de l'élégance et de la solidité.

*Dépôt de Billets des Loteries autorisées et de Colle liquide pour le Collage de tous les Métaux*